IMAGES

—◆—

William Thomas Horton

IMAGES

William Thomas Horton

@2024 CH3 PRESS s.a.s. Lyon, FRANCE

www.ch3press.com

isbn: 978-2-487404-12-0

C	H	3	
P	R	E	S	S

INTRODUCTION

WILLIAM BUTLER YEATS

En Angleterre, où ont été produites de remarquables œuvres symbolistes, la plupart des gens n'aiment pas une œuvre si on leur dit qu'elle est symboliste, car ils confondent symbole et allégorie. Même le dictionnaire de Johnson ne voit pas de grande différence, puisqu'il définit un symbole comme « ce qui comprend dans sa figure une représentation de quelque chose d'autre » et une allégorie comme « un discours figuratif dans lequel est sous-entendu autre chose que le sens littéral des mots. » Seul un dictionnaire très moderne définit le symbole comme « le signe ou la représentation d'une chose morale par les images ou les propriétés de choses naturelles », ce qui, bien qu'imparfait, n'est pas sans rappeler le « ce qui est en bas est comme ce qui est en haut » de la Table d'émeraude d'Hermès Trismégiste!

The Faery Queen (la Reine des fées) et *Le Voyage du pèlerin* ont eu une telle importance en Angleterre que l'allégorie a pris le pas sur le symbolisme et, pendant un temps, l'a entraîné dans sa propre chute. William Blake a peut-être été le premier contemporain à insister sur la différence ; et l'autre jour, lorsque je posais pour mon portrait devant un symboliste allemand à Paris, qui ne parlait que de son amour pour le symbolisme et de sa haine pour l'allégorie, ses définitions étaient les mêmes que celles de William Blake, dont il ne savait rien. William Blake a écrit : «La vision ou l'imagination», c'est-à-dire le symbolisme, « est une représentation de ce qui existe vraiment, réellement ou immuablement. La fable ou l'allégorie est formée par les filles de la Mémoire.» L'Allemand insista, dans un anglais approximatif et avec de nombreux gestes, sur le fait que le symbolisme exprimait des choses qui ne pouvaient être transcrites aussi parfaitement d'aucune autre manière et qu'il ne nécessitait qu'un bon instinct pour être compris ; tandis que l'allégorie exprimait des choses qui pouvaient tout aussi bien, voire mieux, être comprises d'une autre manière et qu'elle nécessitait une connaissance précise pour être comprise. L'un donnait des voix aux choses muettes et des corps aux choses sans corps, tandis que l'autre communiquait un sens, qui n'avait jamais manqué de voix ou de corps, à travers une chose entendue ou vue et aimée moins pour son sens que pour ce qu'elle est. Les seuls symboles qui lui importaient étaient les formes et les mouvements du corps ; les oreilles cachées par les cheveux pour faire penser à un esprit occupé par des voix intérieures ; et une tête si courbée que le dos et le cou formaient une courbe, comme dans la *Vision of Bloodthirstiness* de Blake, pour évoquer l'image de la force physique ; il ne mettait même pas un lys, une rose ou un pavot dans un tableau pour exprimer la pureté, l'amour ou le sommeil, parce qu'il pensait que de tels emblèmes étaient allégoriques et que leur signification découlait d'une tradition et non d'un droit naturel.

J'ai dit que la rose, le lys et le pavot étaient tellement liés, par leur couleur, leur odeur et leur usage, à l'amour, à la pureté et au sommeil, ou à d'autres symboles de l'amour, de la pureté et du sommeil, et qu'ils faisaient partie depuis si longtemps de l'imaginaire collectif, qu'un symboliste pouvait les utiliser pour renforcer son message sans devenir un allégoriste. Je crois que j'ai cité le lys dans la main de l'ange dans l'*Annonciation* de Rossetti et le lys dans la jarre dans l'*Enfance de la Vierge Marie*, et dis que je les considérais être les symboles les plus importants : le corps de la femme, celui des anges et la lumière claire du matin occupent cette place dans la grande procession des symboles chrétiens, où ils sont les seuls à pouvoir évoquer leur entière signification et leur entière beauté.

Il est difficile de dire où l'allégorie et le symbolisme se fondent l'un dans l'autre, mais il n'est pas difficile de dire où l'un ou l'autre atteint sa perfection ; et bien que l'on puisse douter duquel de l'allégorie ou du symbolisme est le plus présent dans les cornes du *Moïse* de Michel-Ange, il n'y a aucun doute sur le fait que c'est le symbolisme qui a contribué à l'éveil de l'imagination moderne, tandis que l'*Origine de la Voie lactée* de Tintoret, qui est une allégorie dépourvue du moindre symbolisme, n'est, outre la délicatesse de son exécution, qu'un amusement momentané, une passade. Cent générations pourraient écrire sur la signification apparente de l'un, et aucune n'écrirait la même chose, car aucun symbole n'apparaît jamais dans son intégralité à une génération donnée ; mais lorsque vous avez dit : « Cette femme là-bas est Junon, et le lait qui sort de son sein crée la Voie lactée », vous avez révélé la signification de l'autre et la superbe peinture, qui a ajouté tant de beauté inutile, ne l'a pas mieux racontée.

Tout art qui n'est pas un simple récit ou un simple portrait est symbolique et a le même but que ces talismans symboliques aux couleurs et aux formes complexes que les magiciens médiévaux fabriquaient, avec lesquels ils demandaient à leurs patients de méditer chaque jour et desquels ils gardaient religieusement le secret, car ils mêlent, dans leurs couleurs et leurs formes complexes, une partie de l'essence divine. Une personne ou un paysage appartenant à une histoire ou d'un portrait ne suscite que la quantité d'émotion que l'histoire ou le portrait peut lui permettre d'exprimer tout en maintenant les liens qui en font une histoire ou un portrait ; mais si vous libérez un personnage ou un paysage des liens de motivations et de leurs actions, des causes et de leurs effets et de tous les liens sauf de ceux de votre amour, il changera sous vos yeux et deviendra le symbole d'une émotion infinie, d'une émotion perfectionnée, une partie de l'essence divine ; car nous n'aimons rien d'autre que ce qui est parfait, et nos rêves rendent toute chose parfaite, afin que nous puissions les aimer. Les religieux et les visionnaires, les moines et les nonnes, les médecins et les opiomanes voient des symboles dans leurs transes, car les pensées religieuse et visionnaire sont des pensées en quête de perfection et du chemin pour atteindre celle-ci, et les symboles sont la seule chose suffisamment dépourvue d'attaches pour pouvoir évoquer la perfection. Les drames de Wagner, les odes de Keats, les tableaux et les poèmes de Blake, les tableaux de Calvert, ceux de Rossetti, les pièces de Villiers de L'Isle-Adam, l'art en noir et blanc de M. Herrmann, M. Beardsley, M. Ricketts et M. Horton, les lithographies de M. Shannon, les tableaux de M. Whistler, les pièces de M. Maeterlinck et la poésie de Verlaine, à notre époque, diffèrent de l'art religieux de

Giotto et de ses disciples en ce qu'ils ont accepté tous les symbolismes, le symbolisme des anciens bergers et des observateurs d'étoiles, ce symbolisme de la beauté corporelle qui semblait à Fra Angelico être une chose affreuse, le symbolisme du jour et de la nuit, de l'hiver et de l'été, du printemps et de l'automne, qui faisait autrefois partie intégrante d'une religion plus ancienne que la Chrétienté, et en ce qu'ils ont accepté, comme substance de leur art, tout l'intellect divin, sa colère et sa pitié, son éveil et son sommeil, son amour et sa luxure.

Un Keats ou un Calvert est tout autant un symboliste que l'est un Blake ou un Wagner, mais c'est un symboliste fragmentaire, car s'il évoque dans ses personnages et ses paysages une émotion infinie, une émotion parfaite, une partie de l'essence divine, il ne place pas ses symboles dans la grande procession comme le voudrait Blake, « dans un certain ordre, adapté à son "énergie imaginative". »

Si vous peignez une belle femme et emplissez son visage, comme Rossetti a empli tant de visages, d'un amour infini, d'un amour parfait, « les regards ne voient aucune chose mortelle quand ils rencontrent la lumière de ses yeux paisibles », comme l'a dit Michel-Ange de Vittoria Colonna ; mais les pensées s'égarent vers des préoccupations mortelles et se demandent peut-être si son amant l'a quittée, si elle attend ce dernier ou bien quel malheur prédestiné est venu assombrir son regard.

Si l'on peint le même visage et que l'on place autour de celui-ci une rose ailée ou une rose d'or, on pense à ses sœurs immortelles, la Pitié et la Jalousie, à sa mère, la Beauté ancestrale, et à ses parents illustres, les Ordres sacrés, dont les épées produisent une musique continuelle devant son visage. Le mystique systématique n'est pas le plus grand des artistes parce que son imagination est trop grande pour être limitée par une image ou un chant et parce que seule l'imperfection dans un miroir de perfection, ou la perfection dans un miroir d'imperfection, ravit notre fragilité. Il y a en effet un mystique systématique dans chaque poète ou peintre qui, comme Rossetti, se complaît dans un symbolisme traditionnel ou, comme Wagner, dans un symbolisme personnel ; et de tels hommes tombent souvent en transe ou font des rêves éveillés.

Leurs pensées se détournent de la femme, qui est l'Amour elle-même, vers ses sœurs, ses ancêtres et toute la grande procession ; et une beauté si auguste se meut devant l'esprit, qu'ils en oublient les choses bougeant devant leurs yeux.

William Blake, qui a été le Chantecler de l'aube nouvelle, a écrit : « Si le spectateur pouvait entrer dans l'une de ces images de son imagination, en s'en approchant sur le char ardent de sa pensée contemplative, si… s'il pouvait faire de l'une de ces images merveilleuses, qui l'implorent toujours de délaisser le terrestre (comme il doit le savoir), une amie et une camarade, alors il ressusciterait, alors il s'élèverait vers le Seigneur et alors il serait heureux. » Et aussi : « Le monde de l'imagination est le monde de l'éternité. Il est le sein divin dans lequel nous irons tous après la mort du corps végétatif. Le monde de l'imagination est infini et éternel, tandis que le monde de la génération ou de la végétation est limité et temporel. Les réalités éternelles de tout ce que nous voyons se refléter dans le miroir végétal de la nature existent dans ce monde éternel. »

Tout visionnaire sait que l'œil de l'esprit constate rapidement que le monde est capricieux et variable, que la volonté ne peut ni le façonner ni le changer, bien qu'elle puisse l'invoquer et le bannir à nouveau.

J'ai fermé les yeux il y a un instant et un groupe d'individus en robes bleues est passé à côté de moi dans une lumière aveuglante, puis s'en est allé avant que je ne puisse apercevoir autre chose que les petites roses brodées sur les ourlets de leurs robes et les branches confuses de pommiers en fleurs quelque part derrière eux, et que je ne reconnaisse l'un d'eux à sa barbe carrée, noire et bouclée. Je l'ai souvent vu et une nuit, il y a un an, je lui ai posé des questions auxquelles il a répondu en me montrant des fleurs et des pierres précieuses, dont je ne connaissais pas la signification, et il semblait que son âme était trop perfectionnée pour toute connaissance ne pouvant être exprimée par des symboles ou des métaphores. Lui, ses compagnons aux robes bleues et leurs semblables sont-ils « les réalités éternelles » dont nous sommes le reflet « dans le miroir végétal de la nature » ou bien un rêve momentané ? Répondre serait prendre parti dans la seule controverse qui en soit digne et dans la seule qui pourrait ne jamais être résolue.

M. Horton, un disciple de la « Fraternité de la Nouvelle Vie » qui trouve le chemin de Dieu dans les rêves éveillés, a des rêves éveillés, mais ils sont plus détaillés et plus vivants que les miens ; et il les reproduit dans ses dessins comme s'ils étaient des modèles fournis pour lui par quelque maître surnaturel. Disciple de ce qui est peut-être le mouvement le plus médiéval du mysticisme moderne, il s'est plu à représenter les rues des villes allemandes médiévales et les châteaux des romans de chevalerie ; et, par moments, comme dans Toutes tes vagues et tes flots ont passé sur moi, les images d'une sorte de piété humoristique comme celle des pièces de mystère et des moralités médiévales. Toujours intéressant lorsqu'il représente les principaux symboles de sa foi, la femme de *Rosa Mystica* et de *Ascending into Heaven* , qui est la Divine féminité, l'homme d'armes de *Saint-Georges* et *Be Strong*, qui est la Divine masculinité, il excelle lorsqu'il représente les *Magi,* qui sont la sagesse du monde, levant leur thuriféraire devant le Christ, qui est l'union de la Divine masculinité et de la Divine féminité.

Les rayons de l'auréole, les grandes poutres de la crèche, les riches ornements des thuriféraires et des manteaux composent un motif où la douceur de sa pitié se mêle à la complexité découlant de son adoration. Même les paysages fantastiques, les cheminées enchevêtrées contre un ciel blanc, la vallée sombre avec ses petites pointes de lumière, les villes et les églises nuageuses et fragiles, font partie de l'histoire d'une âme ; car M. Horton me dit qu'il les a rendus spectraux, pour qu'ils ne lui évoquent qu'un rêve éveillé ; et chaque fois que la volonté spirituelle se mêle à la volonté artistique et ne lui porte pas atteinte, cela lui donne une nouvelle sincérité, une nouvelle simplicité. Il essaya d'abord de reproduire ses modèles en couleur, avec une maigre maîtrise de celle-ci là où même une grande maîtrise ne l'aurait pas aidé, et très littéralement ; mais il s'aperçut bientôt qu'on ne pouvait représenter un monde où rien n'est immobile un seul instant, où les couleurs ont des odeurs et les odeurs des mélodies par des images formelles et conventionnelles, à mi-chemin entre les paysages et les personnes aux vies ordinaires et entre les emblèmes géométriques des talismans médiévaux.

Ses images sont encore peu nombreuses, bien que leur nombre s'accroisse, et ne le seront probablement jamais ; car celui qui se contente de copier la vie quotidienne n'a jamais besoin de répéter une image, parce que ses yeux lui montrent des scènes toujours changeantes et aucune qui ne puisse être copiée ; mais il doit toujours y avoir une certaine monotonie dans l'œuvre du symboliste, qui ne peut faire des symboles qu'à partir des choses qu'il aime. Rossetti et Botticelli ont reproduit le même visage dans un certain nombre de tableaux; M. Maeterlinck a inséré un arrivant mystérieux, un phare et un puits dans un bois dans plusieurs pièces de théâtre ; et M. Horton a recréé encore et encore la femme de *Rosa Mystica* et l'homme d'armes de *Be Strong* ; et il a mis le chemin tortueux de *The Path to the Moon*, « le chemin droit et étroit » dans *St George* et un vieux dessin dans *The Savoy* ; l'abîme de *The Gap*, l'abîme qui est toujours sous toutes choses, dans des dessins qui ne sont pas dans ce livre ; et la vague de *The Wave*, qui est l'amour enveloppant de Dieu, dans *All Thy waves are gone over me*. Ces images formelles et conventionnelles n'étaient au début que des morceaux de ses rêves éveillés, extraites des parties qui ne pouvaient pas être dessinées ; car il a oublié, comme Blake l'a souvent oublié, qu'il ne faut pas plus dessiner les choses que l'esprit a vues que celles que les yeux ont vues, sans réfléchir à ce que votre palette de couleurs et vos lignes, ou vos formes et le type de votre papier peuvent le mieux transmettre ; mais ses dessins ultérieurs, *Sancta Dei Genitrix* et *Ascending into Heaven* par exemple, montrent qu'il commence à revoir ses rêves éveillés à travers le miroir magique de son art.

Il commence aussi à dessiner avec plus de précision et il dessinera sans doute avec autant de précision que le plus grand nombre des symbolistes
les plus visionnaires qui n'ont jamais, depuis
l'époque où les symbolistes visionnaires
sculptaient des images formelles et conventionnelles dans la pierre en Assyrie et en Égypte, des-
siné avec autant de précision que les hommes
s'intéressant aux choses et non à leur signification.

Son art est immature, mais il est plus intéressant
que l'art mature de nos magazines, car il est la
rêverie d'un tempérament solitaire et profond.

----------◆----------

Willliam Butler Yeats
Introduction à *A book of Images*, de W.T. Horton, London, 1848.

IMAGES

WILLIAM THOMAS HORTON

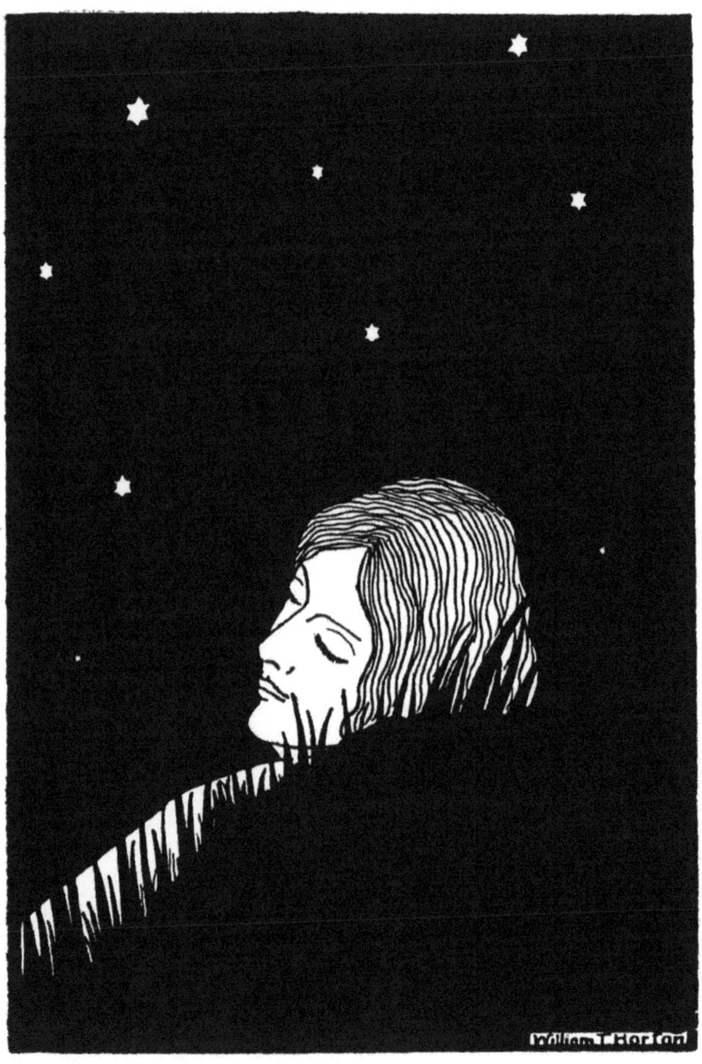

The Savoy
NOV. 1896

KEATS
" Now more than ever seems it rich to die,
To cease upon the midnight with no·pain."

NOTES

———◆———

THE SAVOY

1896

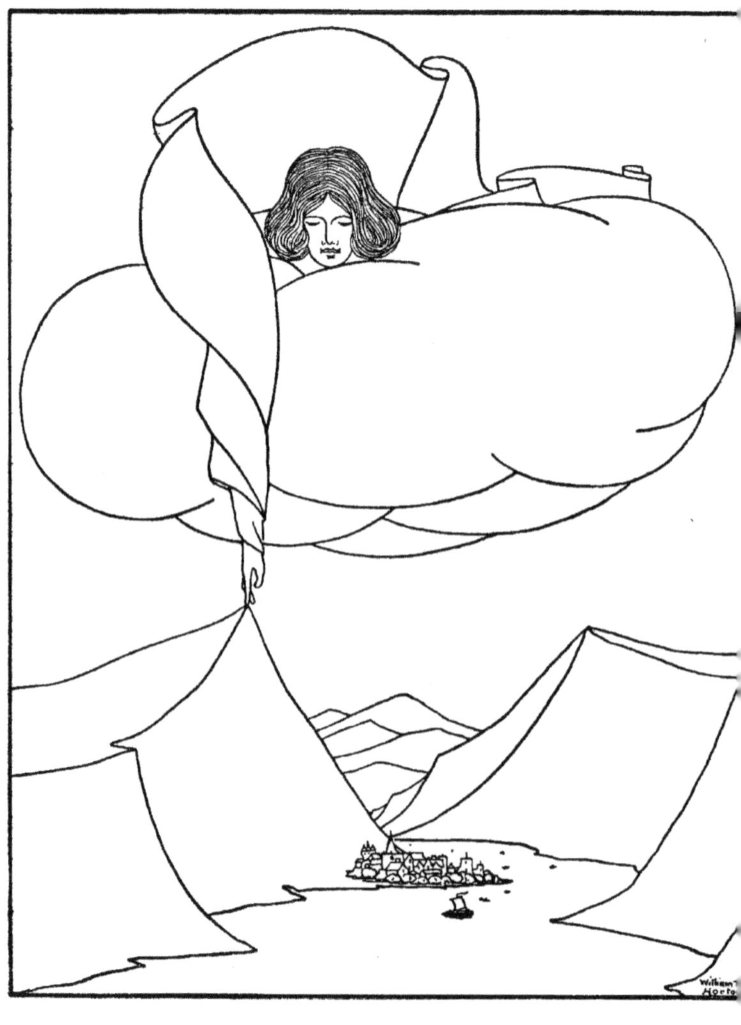

DAWN

NOTES

━━●━━

DAWN

1897

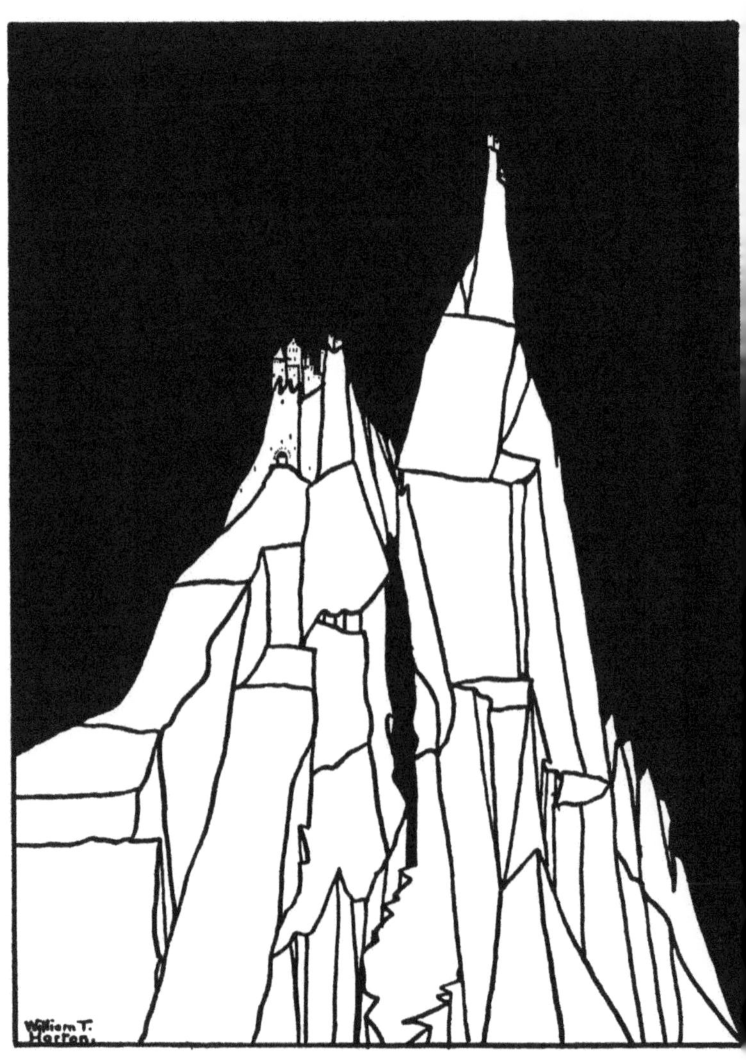

AUG. 11, 1897   CHATEAU DU GRÉPON

NOTES

CHATEAU DU GRÉPON

1897

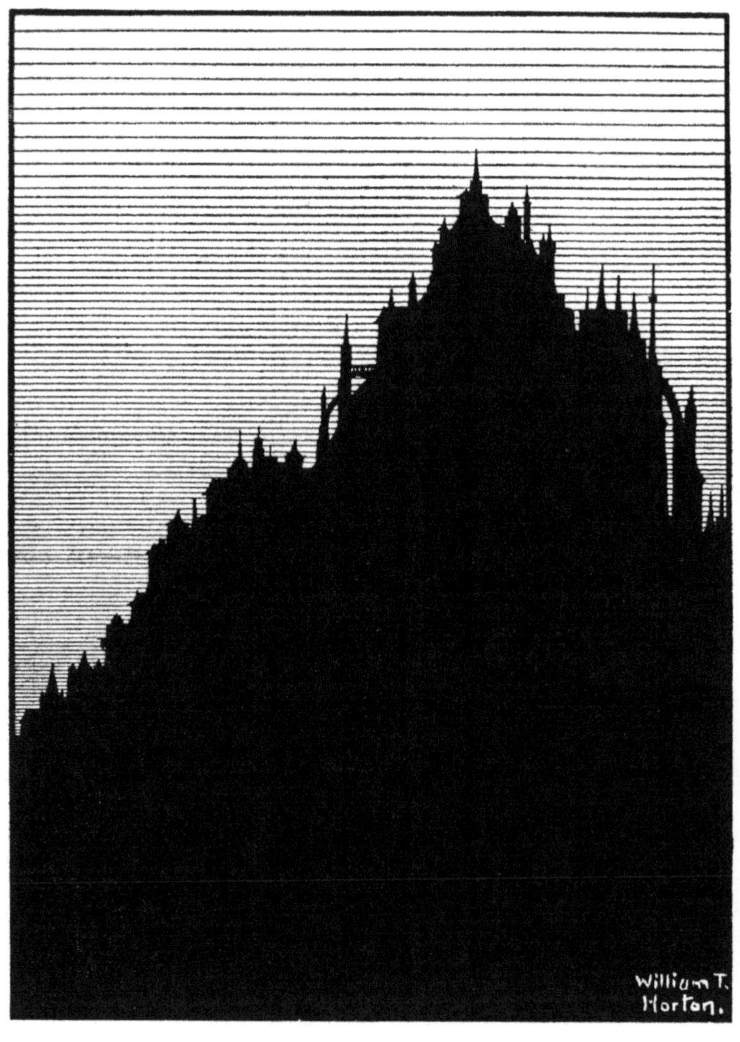

AUG. 15, 1897

STE MARIE DES PINACLES

NOTES

———◆———

Ste Marie des Pinacles

1897

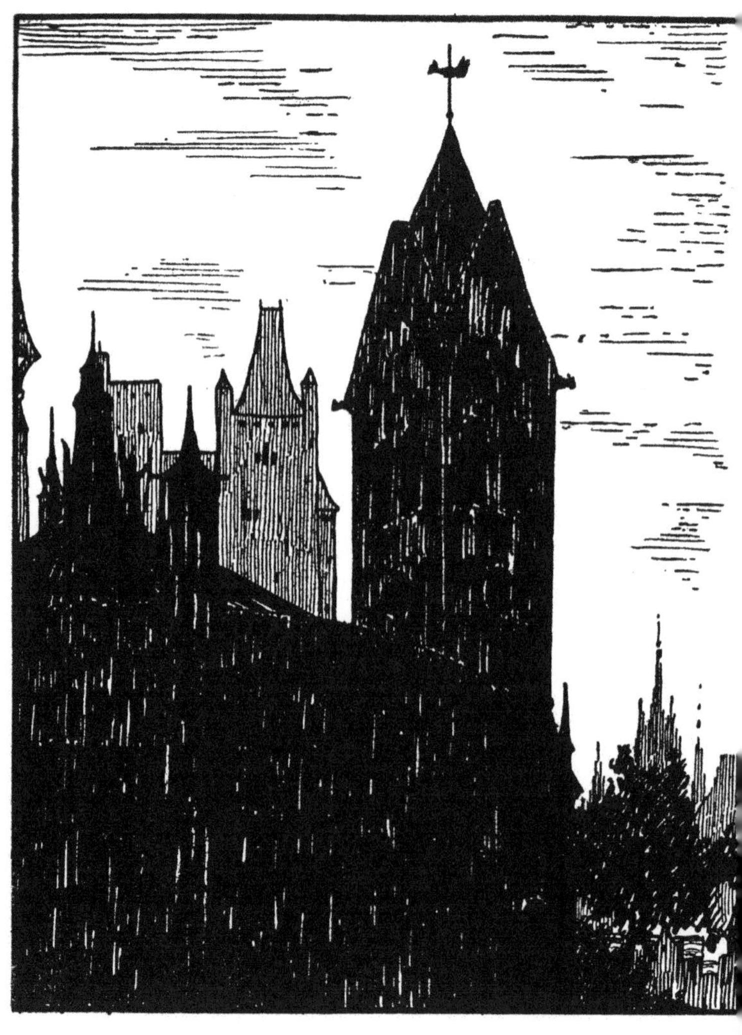

AUG. 27, 1897

THE PRIORY CHURCH

NOTES

━━━◆━━━

THE PRIORY CHURCH

1897

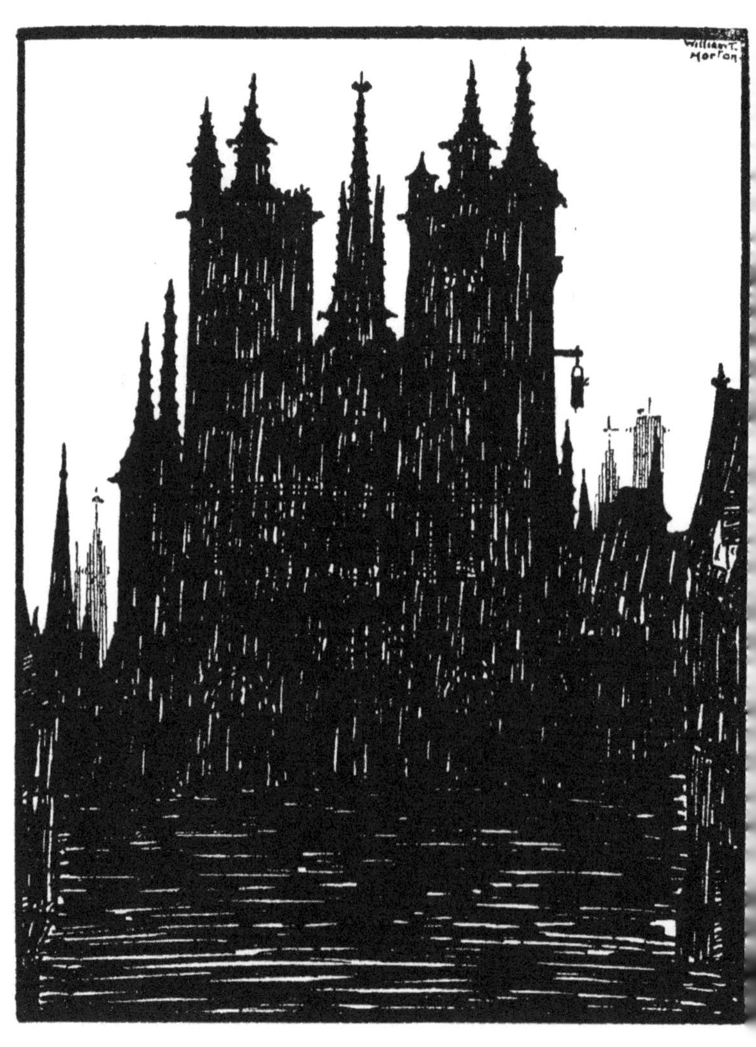

ST. PIERRE DES PICS

NOTES

<hr>

St Pierre des Pics

1897

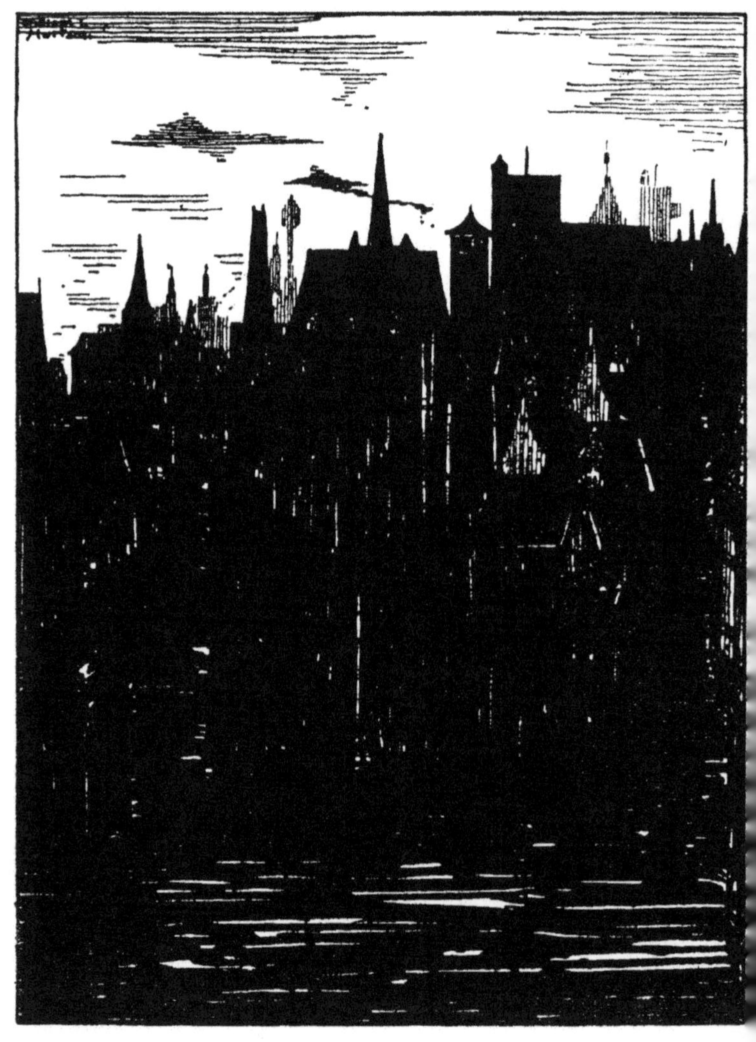

SEP. 3, 1897

PLACE DES VIEUX-TEMPS

NOTES

PLACE DES VIEUX TEMPS

1897

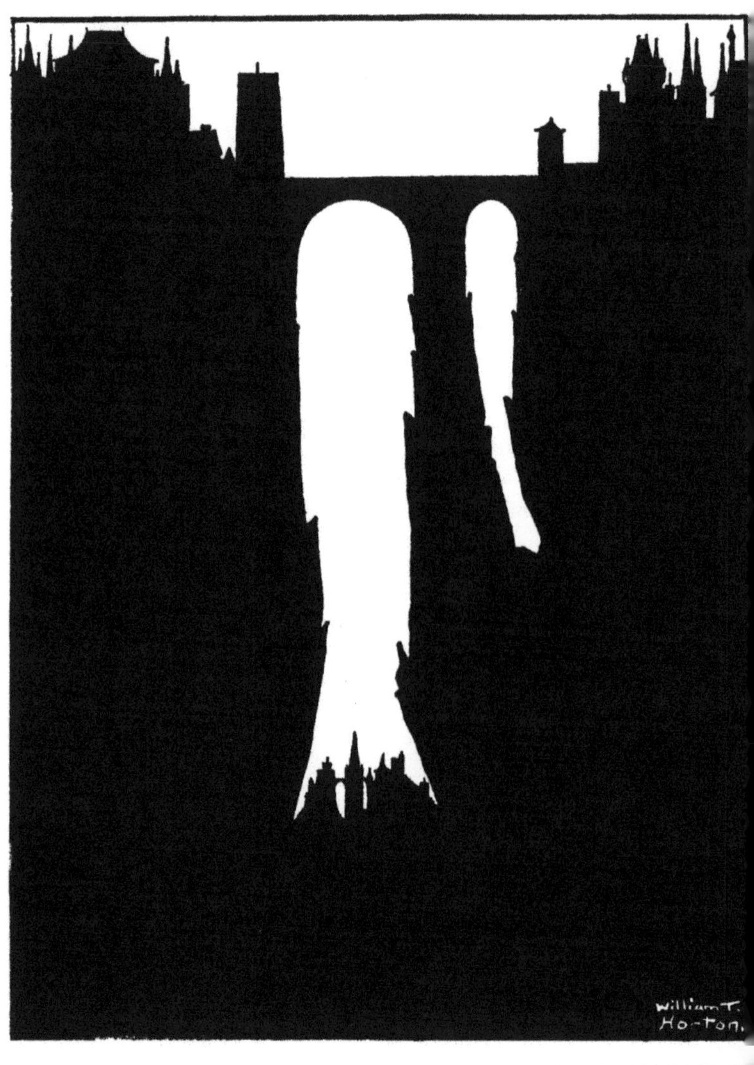

SEP. 23, 1897   LE PONT DU DIABLE

NOTES

———◆———

Le Pont du Diable

1897

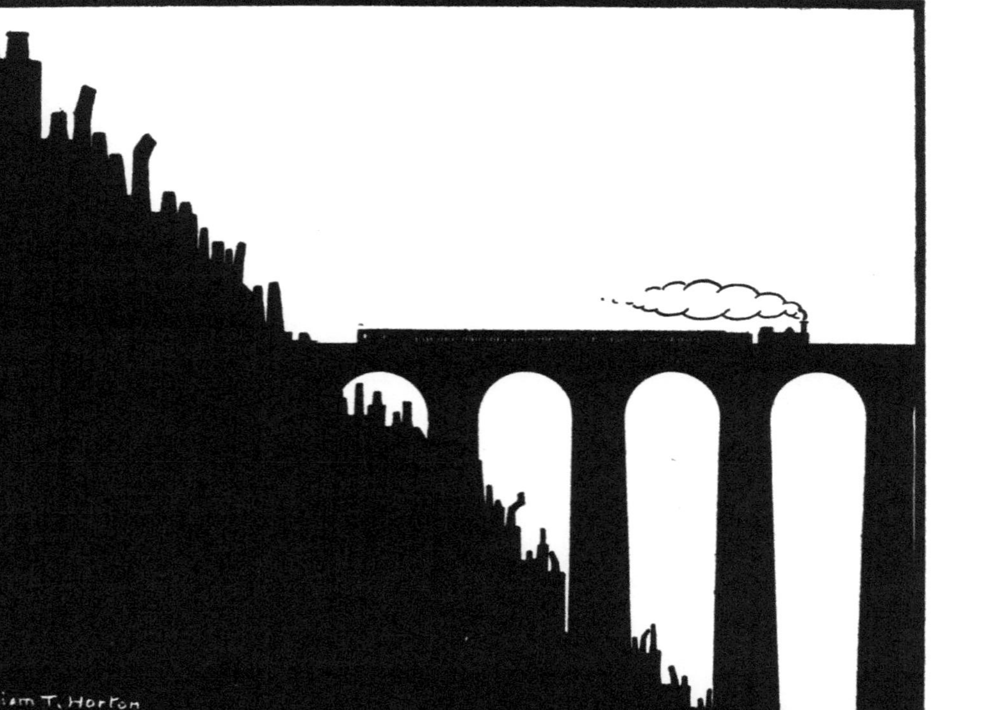

William T. Horton

NOTES

THE VIADUCT

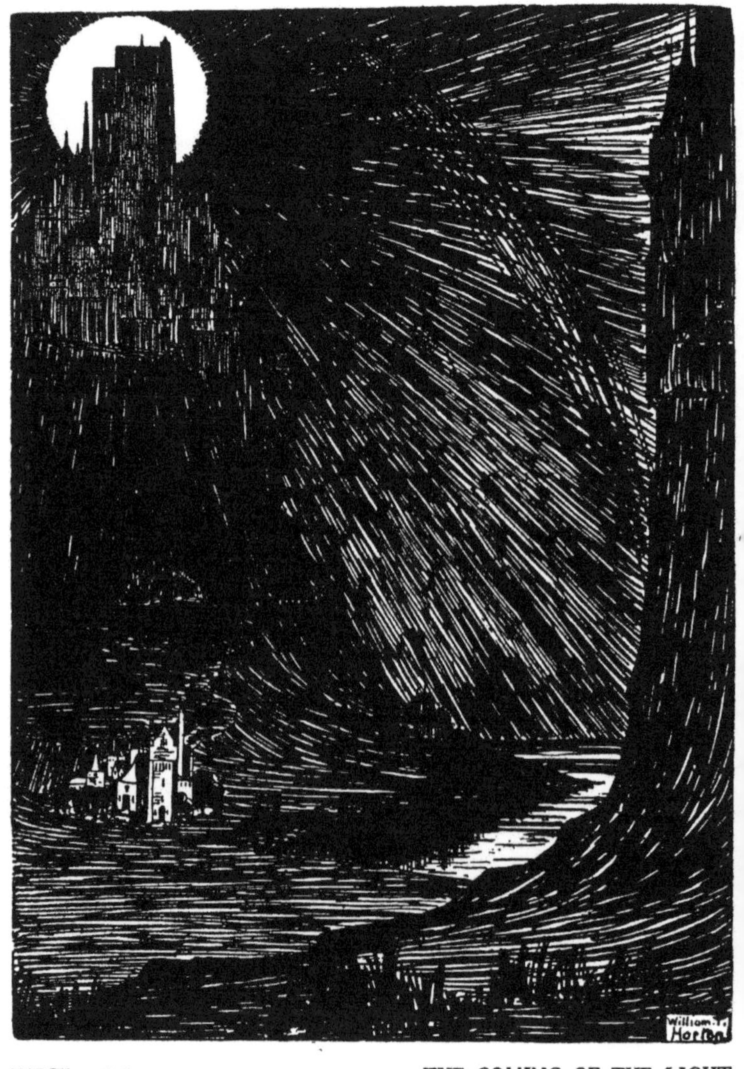

MARCH 9, 1898   THE COMING OF THE LIGHT

NOTES

---◆---

The Coming of the Light

1898

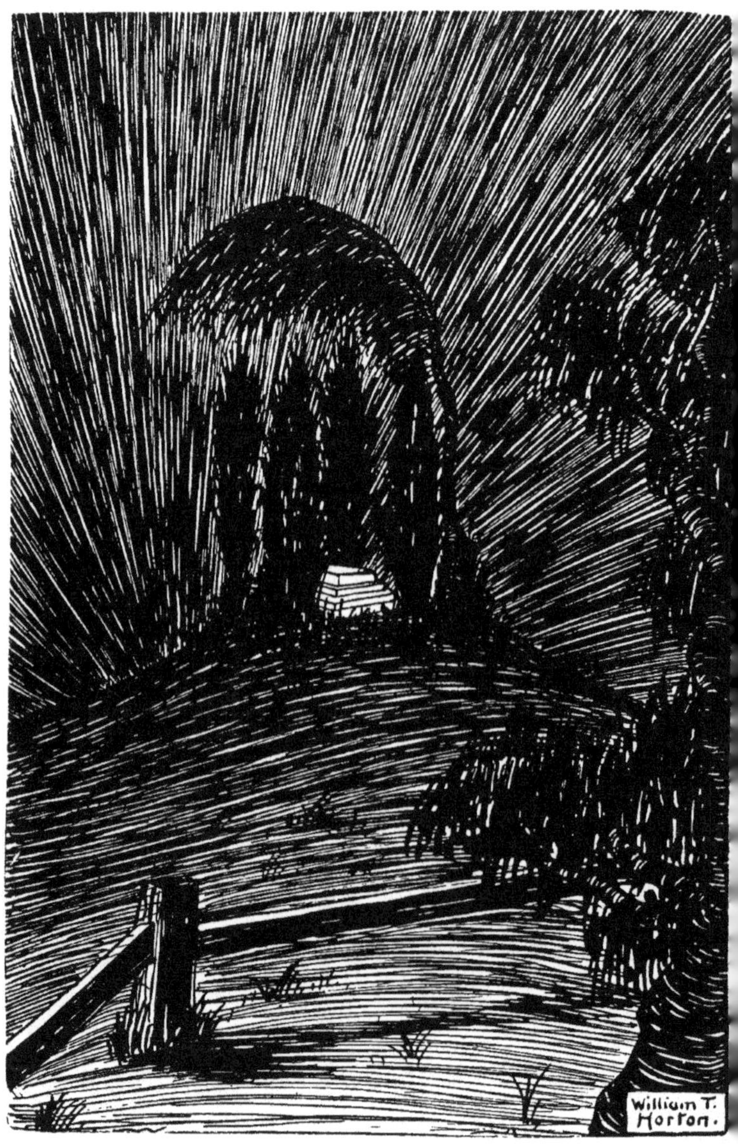

MARCH 16, 1898

THE WORLD'S REWARD

NOTES

THE WORLD'S REWARD

1898

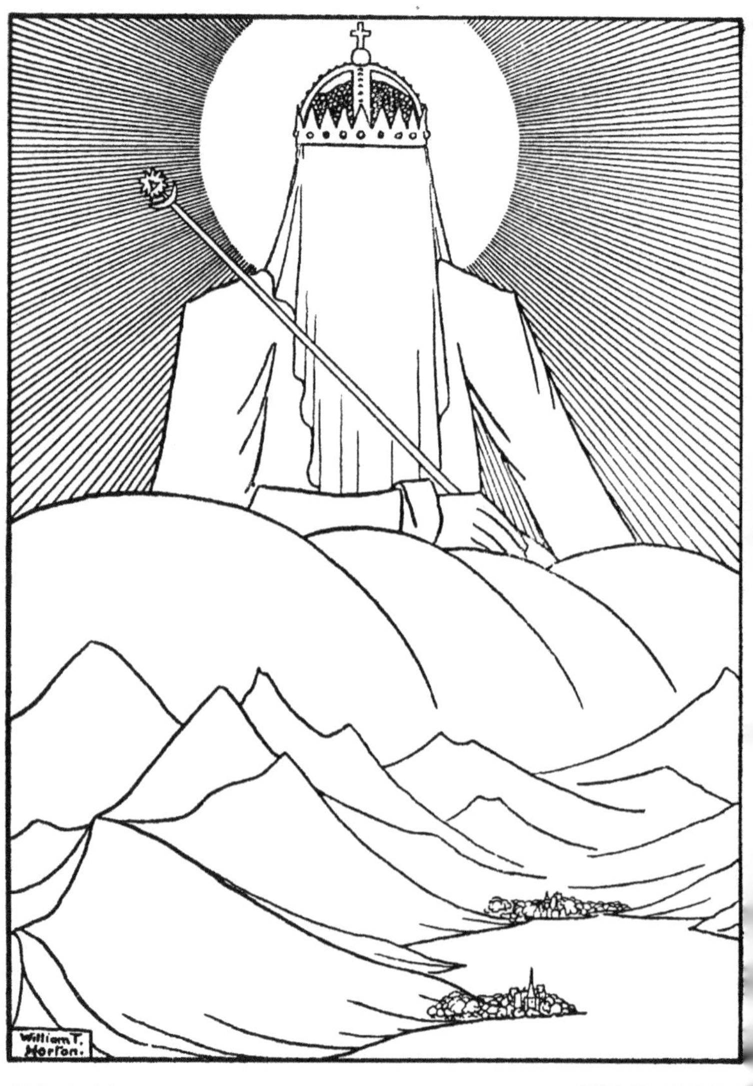

MAY 16, 1898

THE UNKNOWN

NOTES

———◆———

The Unknown

1898

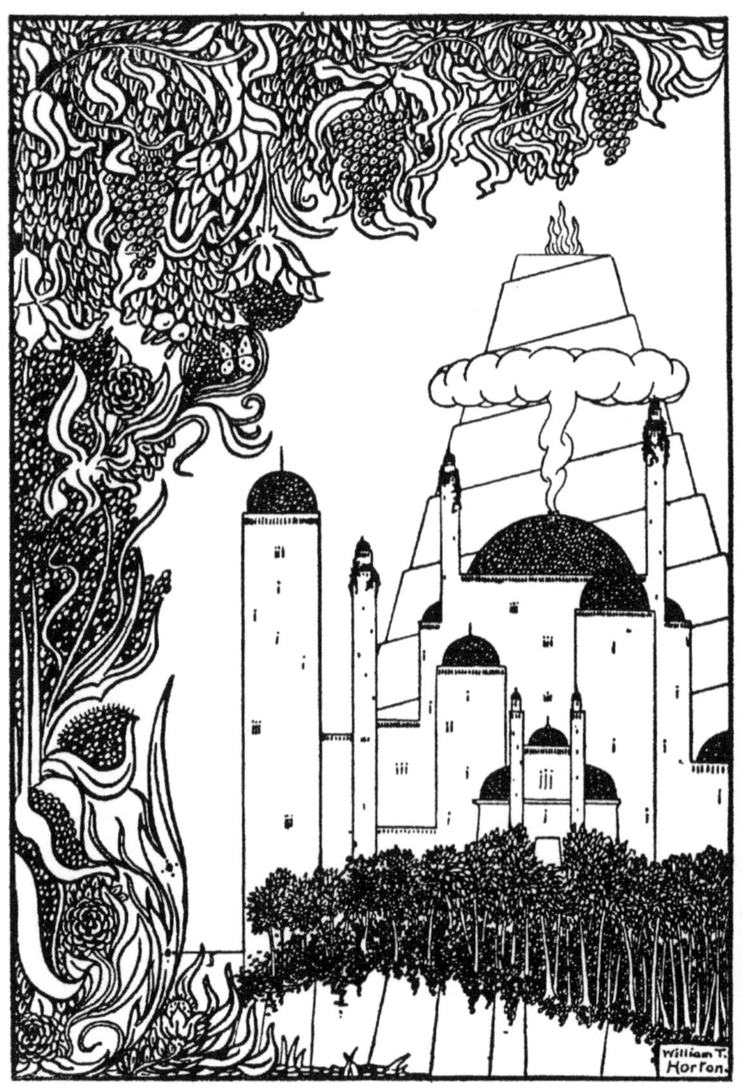

MAY 25, 1898   THE TEMPLE OF THE SUN

NOTES

⸻❖⸻

The Temple of the Sun

1898

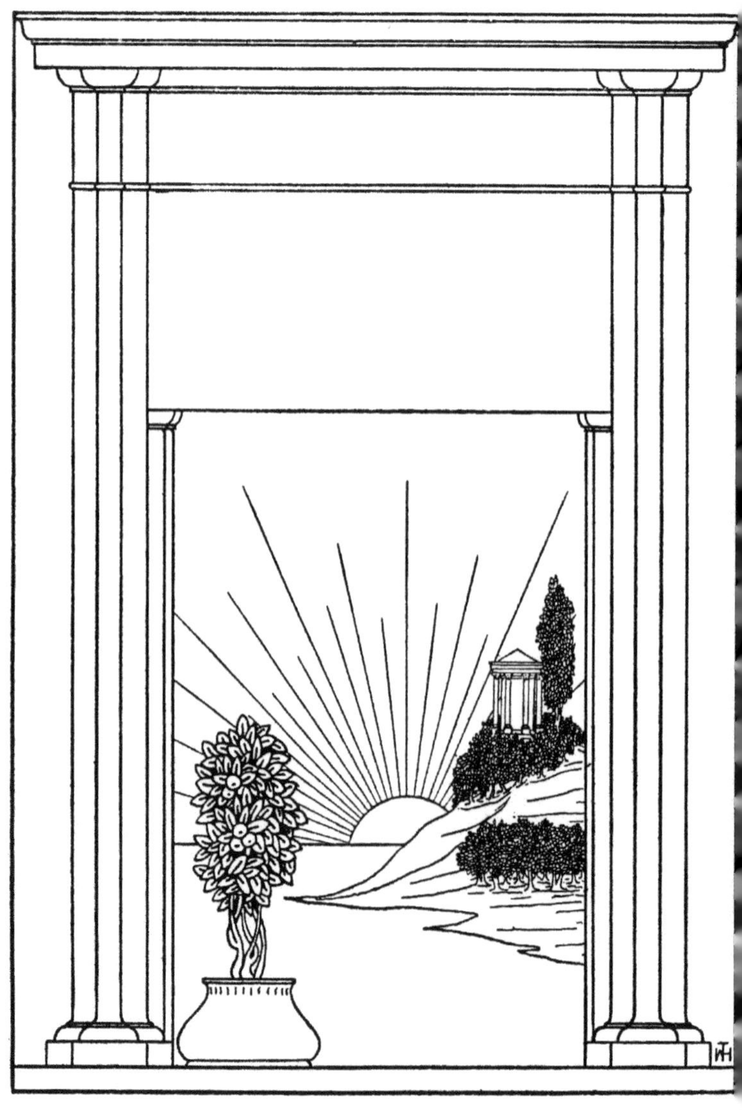

JULY 19, 1898

A GLIMPSE

NOTES

— ◆ —

A Glimpse

1898

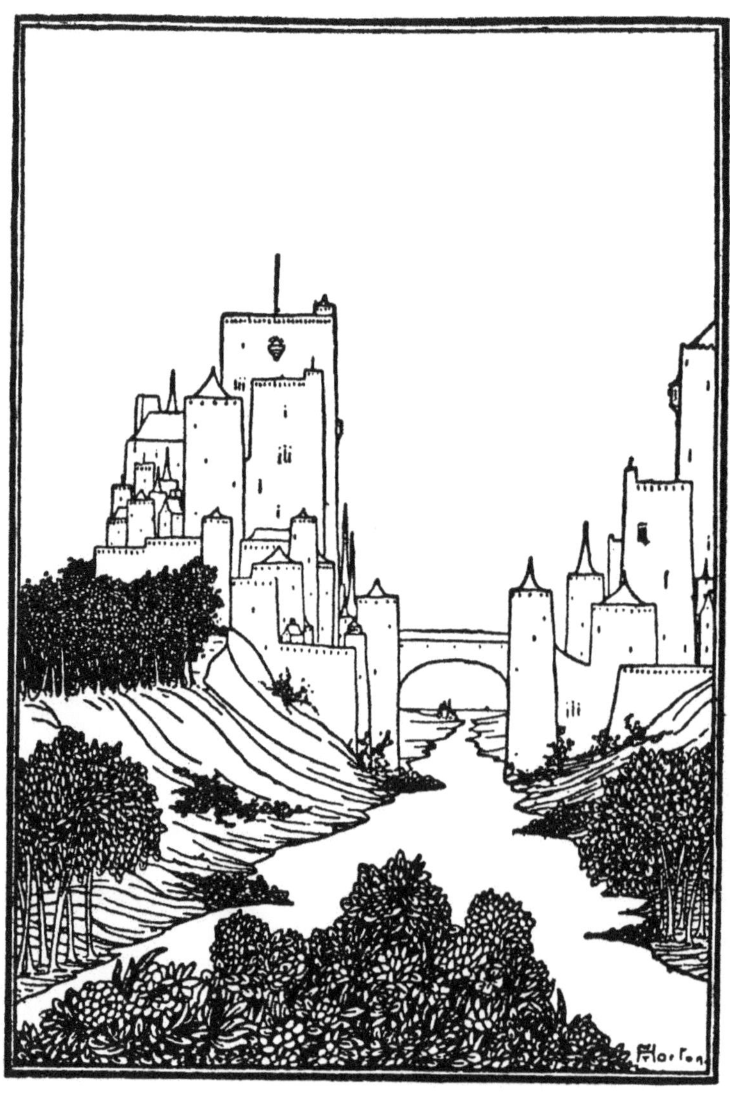

CHATEAU DE GARDE

NOTES

———•———

CHATEAU DE GARDE

1898

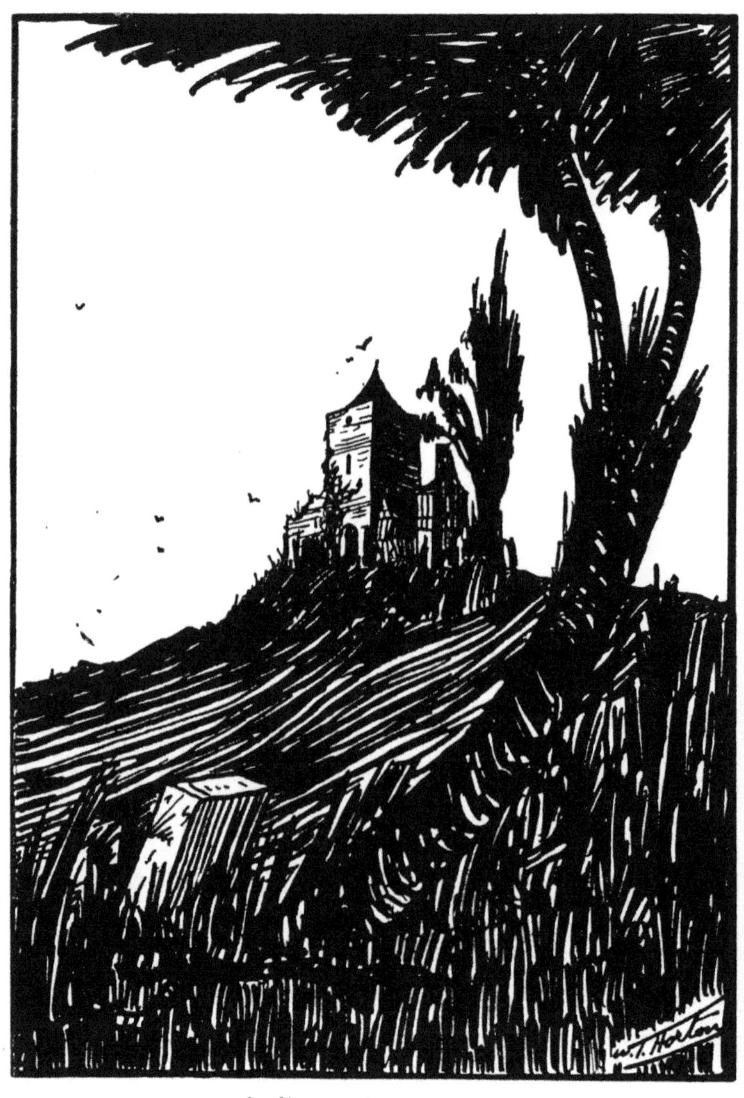

AUG. 23, 1898   THE CHURCH ON THE HILL

NOTES

———◆◆———

The Church on the Hill

1898

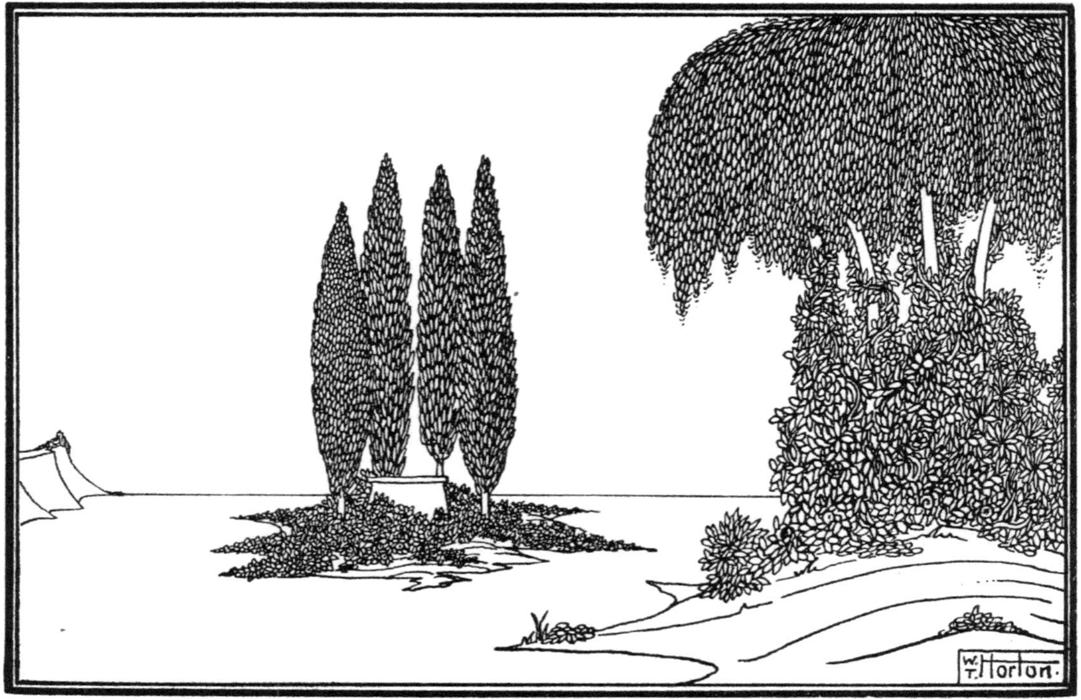

PEACE

NOTES

Peace (the studio)

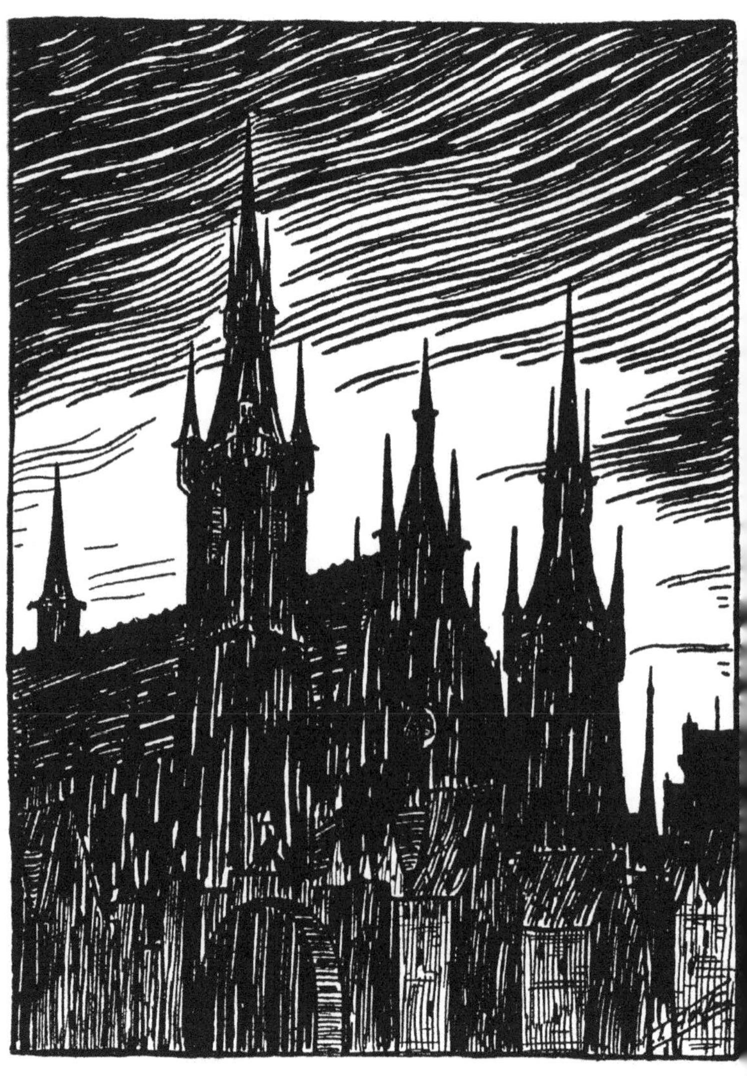

AUG. 25, 1898   THE CHURCH OF THE PINNACLES

NOTES

THE CHURCH OF THE PINNACLES

1898

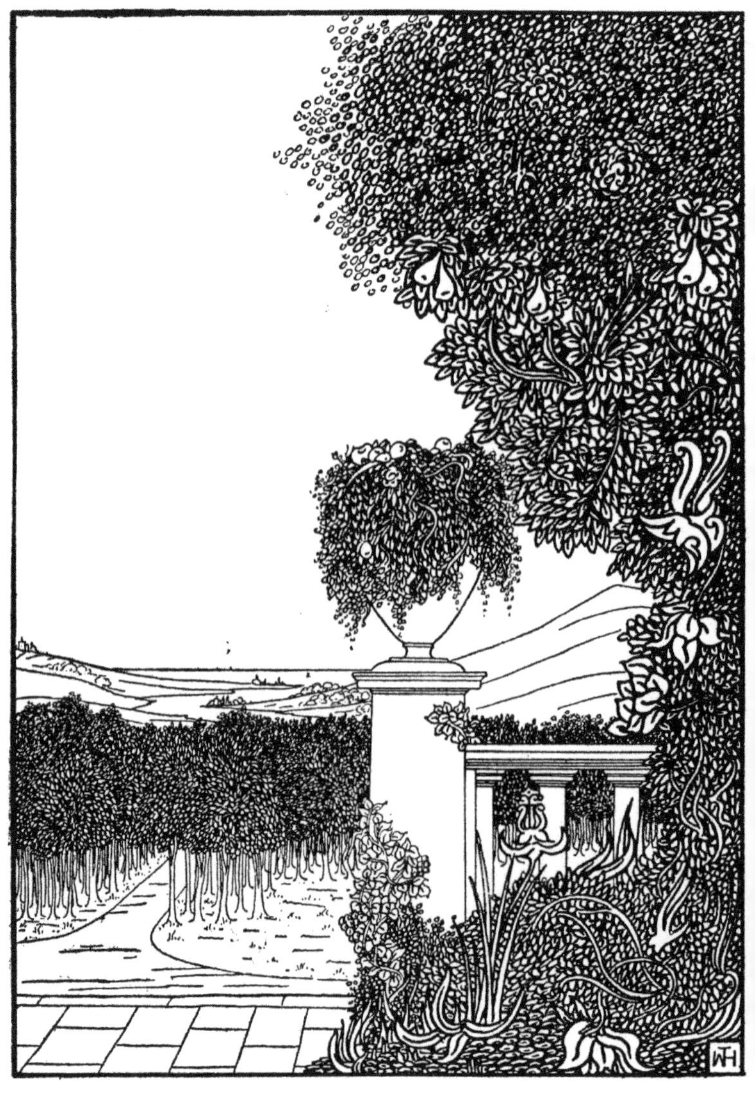

AUG. 31, 1898   FROM THE TERRACE

NOTES

——◆——

FROM THE TERRACE

1898

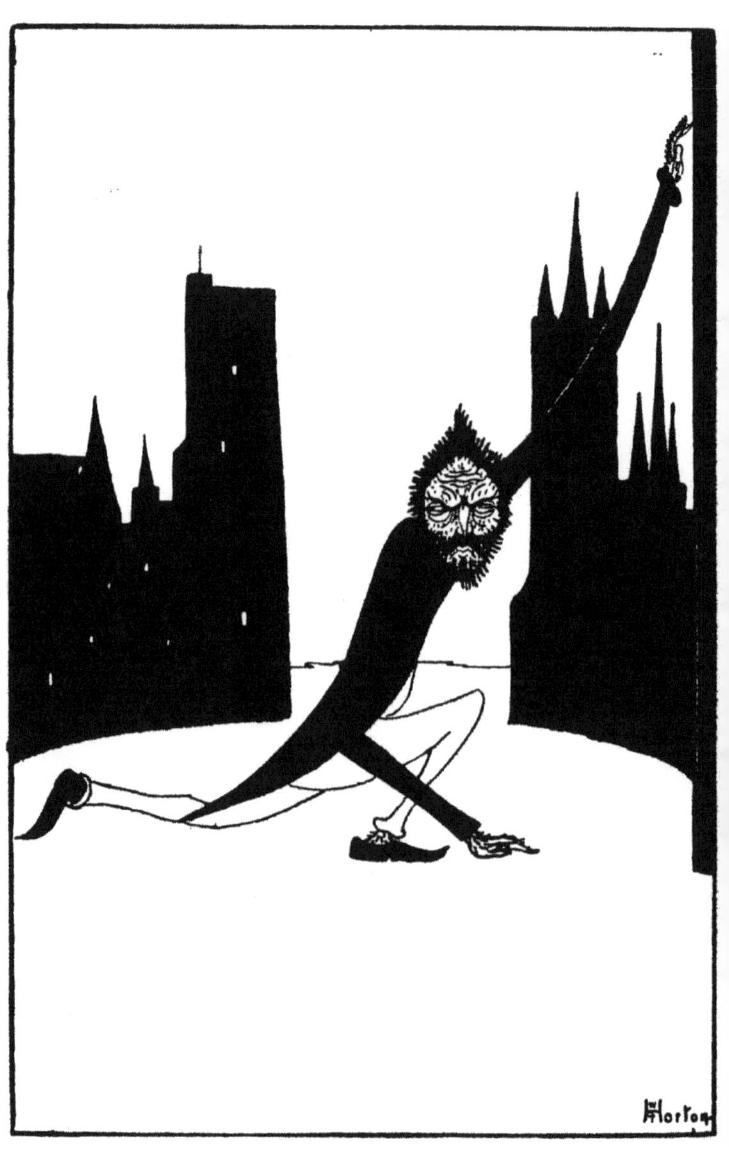

SEP. 27, 1898　　　　　　　　THE CREEPER

NOTES

———◆———

The Creeper

1898

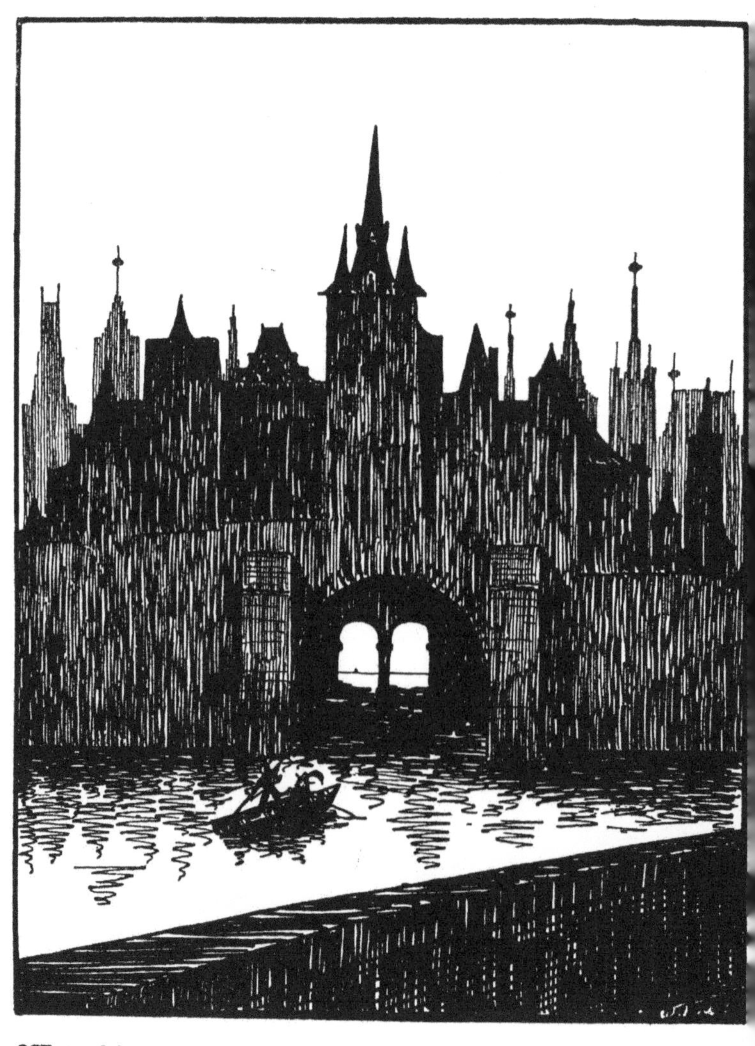

OCT. 25, 1898 LE TROU DE LA TOUR

NOTES

——◆——

Le Trou de la Tour

1898

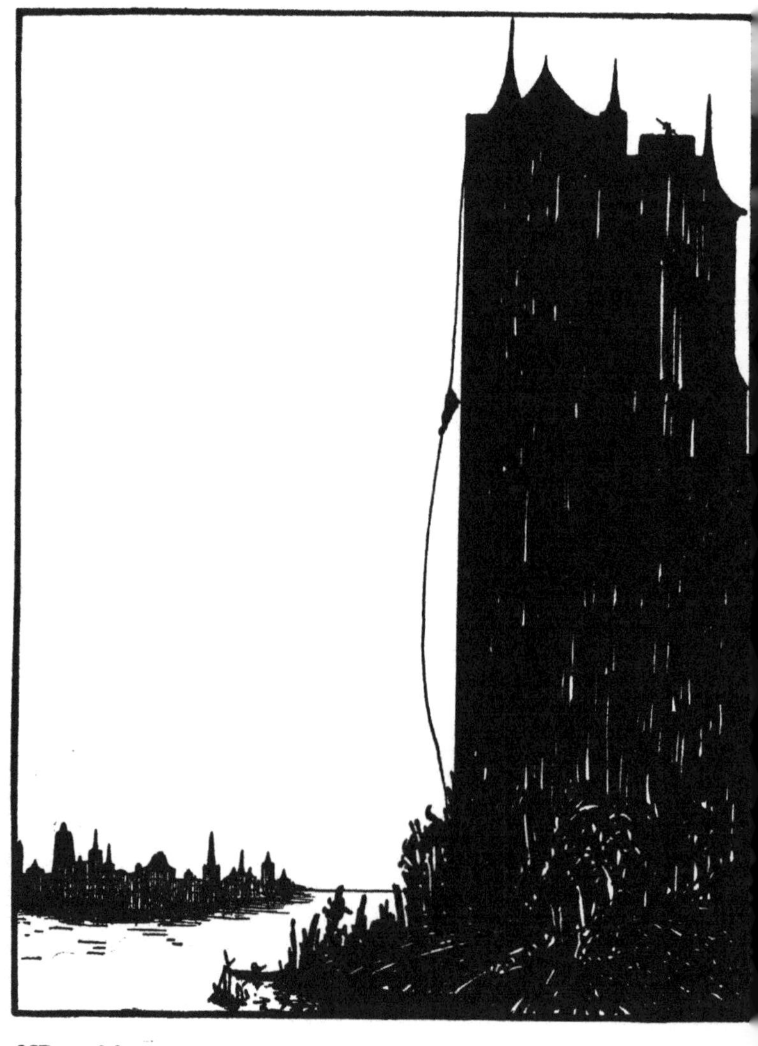

OCT. 24, 1898
THE ESCAPE

NOTES

—◆—

THE ESCAPE

1898

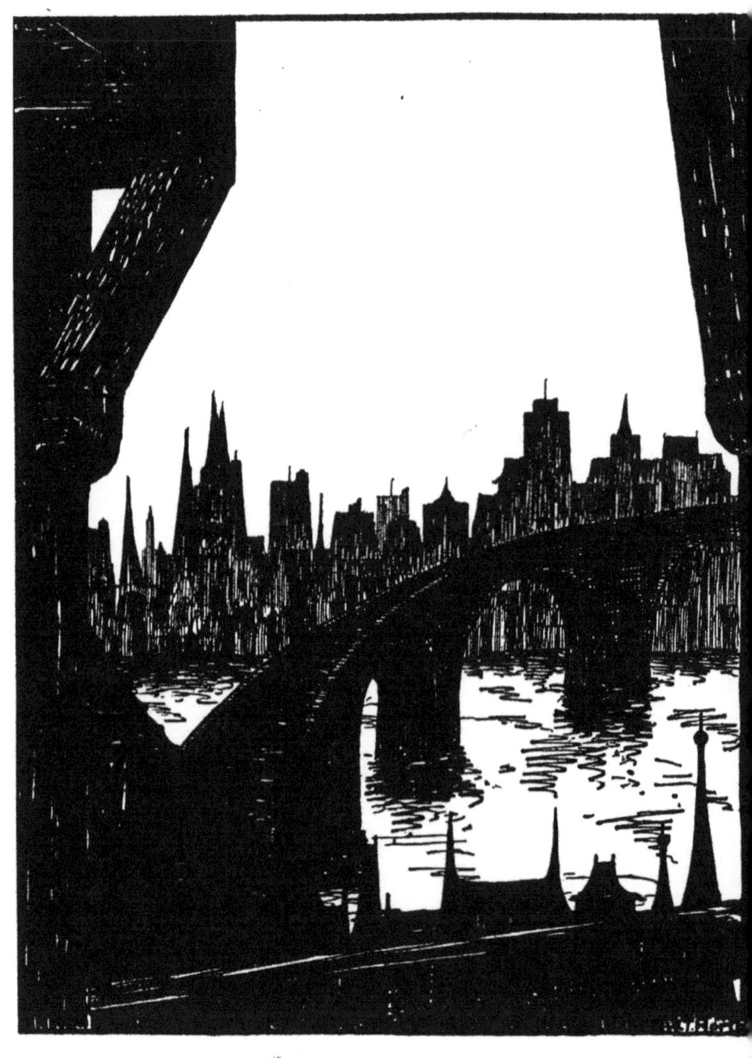

OCT. 25, 1898   PONT DES ARC

NOTES

— ◆ —

PONT DES ARCS

1898

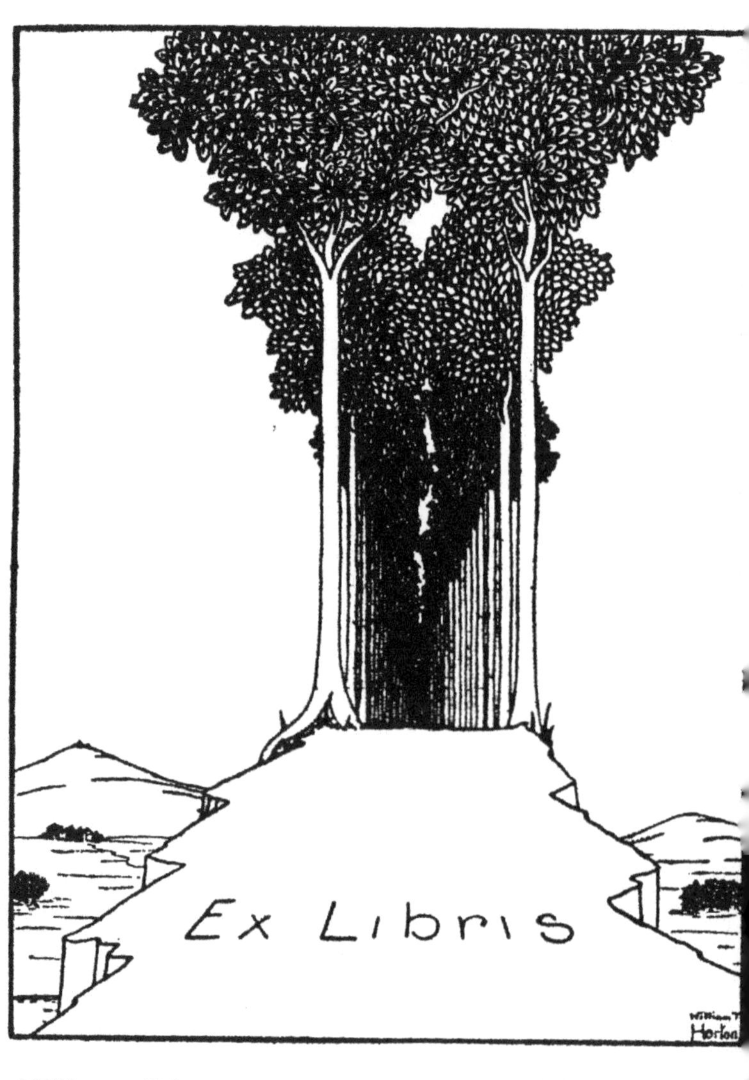

"The Artist", as *The Bookplate of a Botanist*

NOTES

THE AVENUE

1898

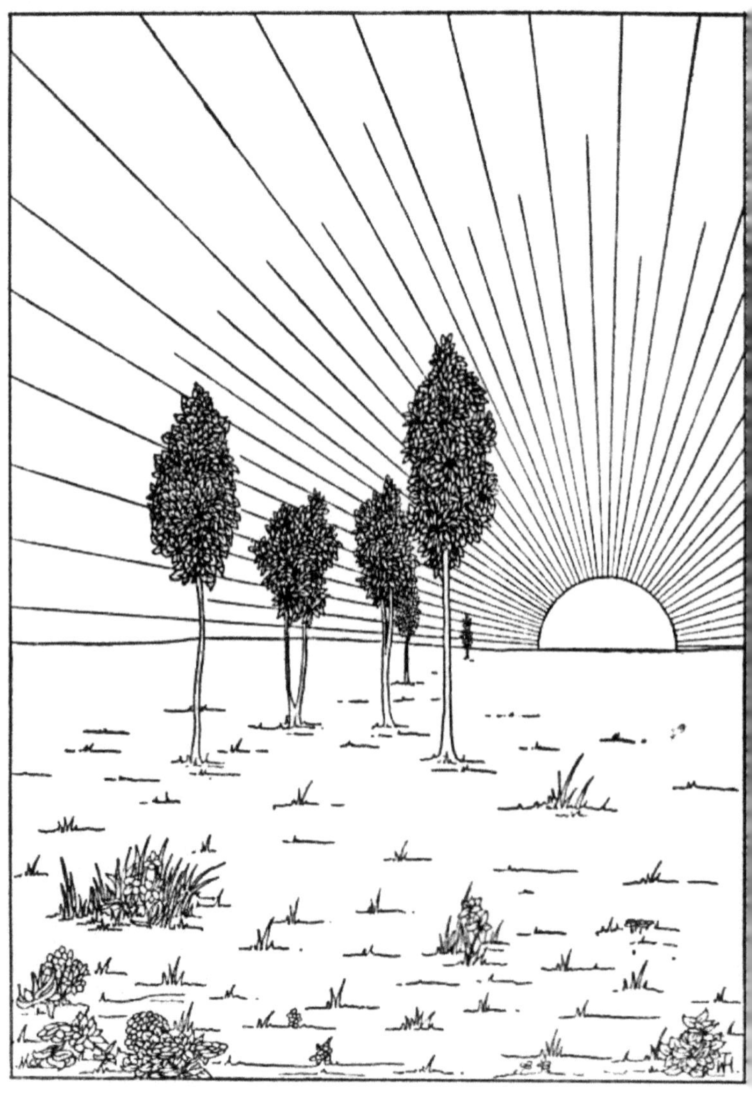

JULY 27, 1900
SUNRISE ON THE PLAIN

NOTES

SUNRISE ON THE PLAIN

1900

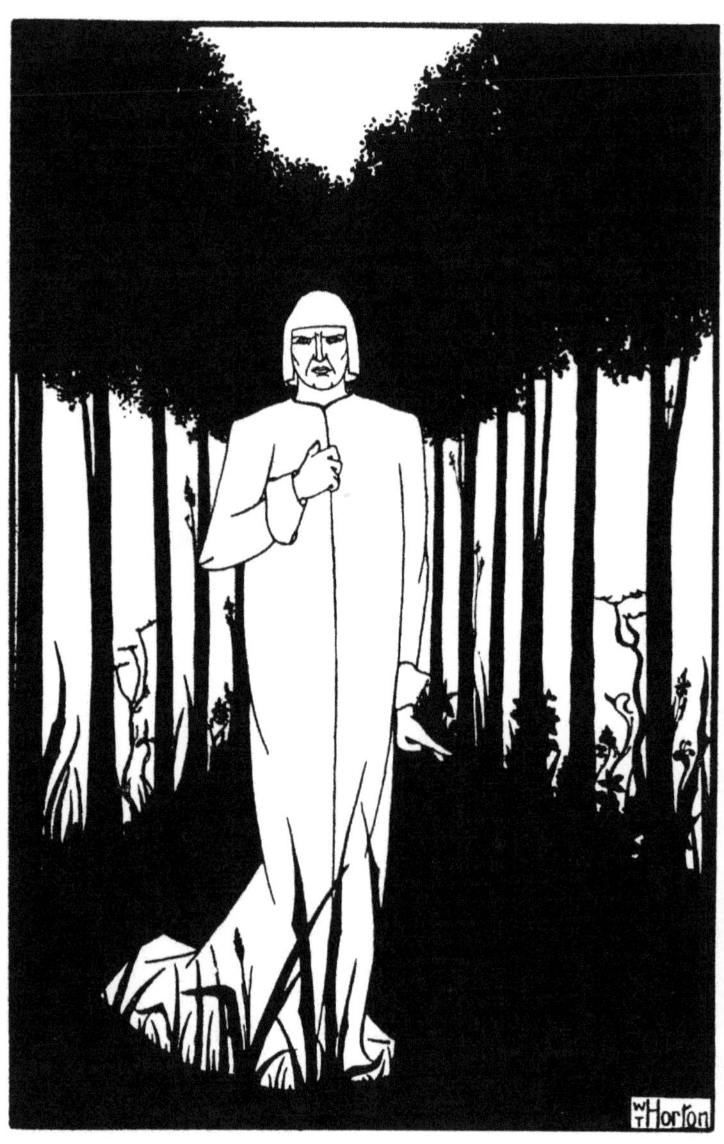

JULY 1, 1901   DANTE IN THE WOOD

NOTES

———◆———

DANTE IN THE WOOD

1901

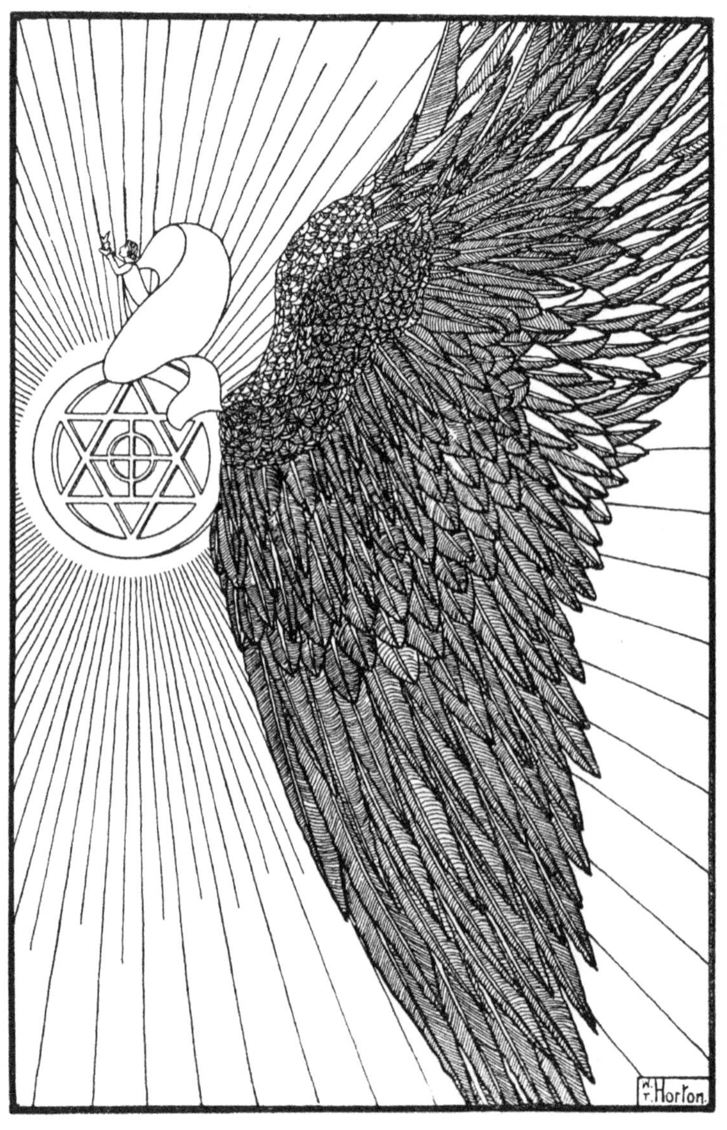

JULY 23-24, 1901   ON THE WINGS OF THE ETERNAL

NOTES

—◆—

On the Wings of the Eternal

1901

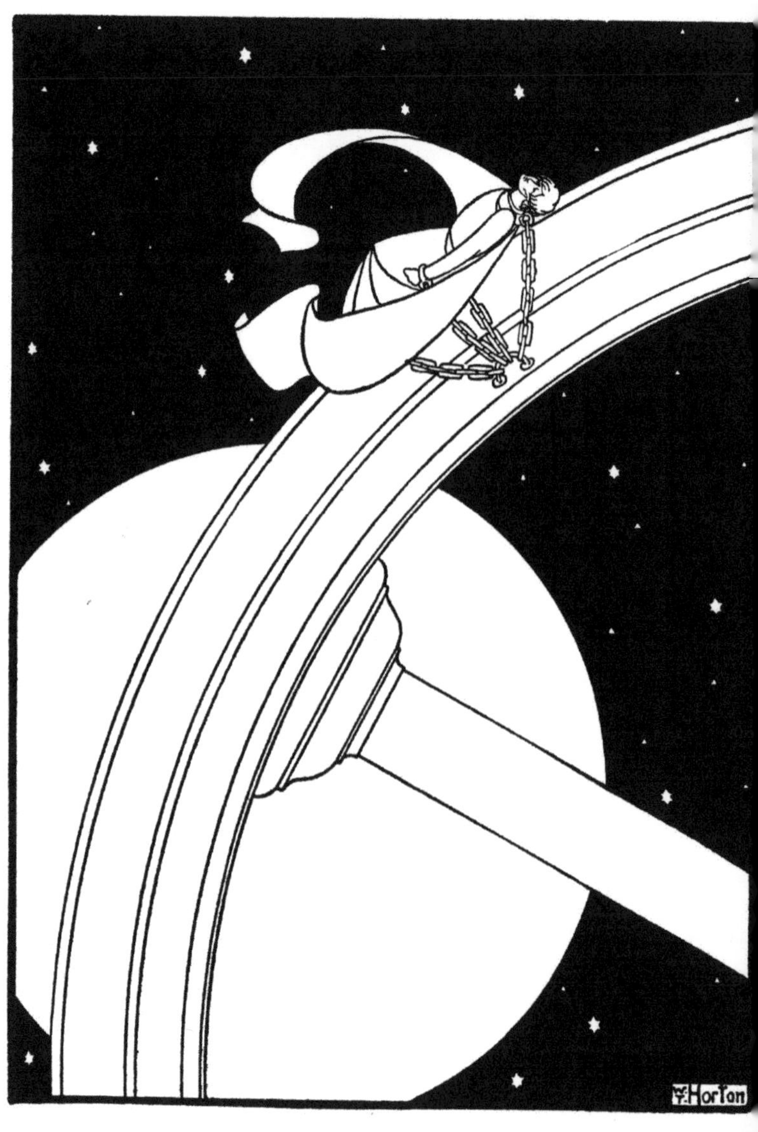

AUG. 3, 1901

SHACKLED ON THE WHEEL OF TIME

NOTES

SHACKLED ON THE WHEEL OF TIME

1901

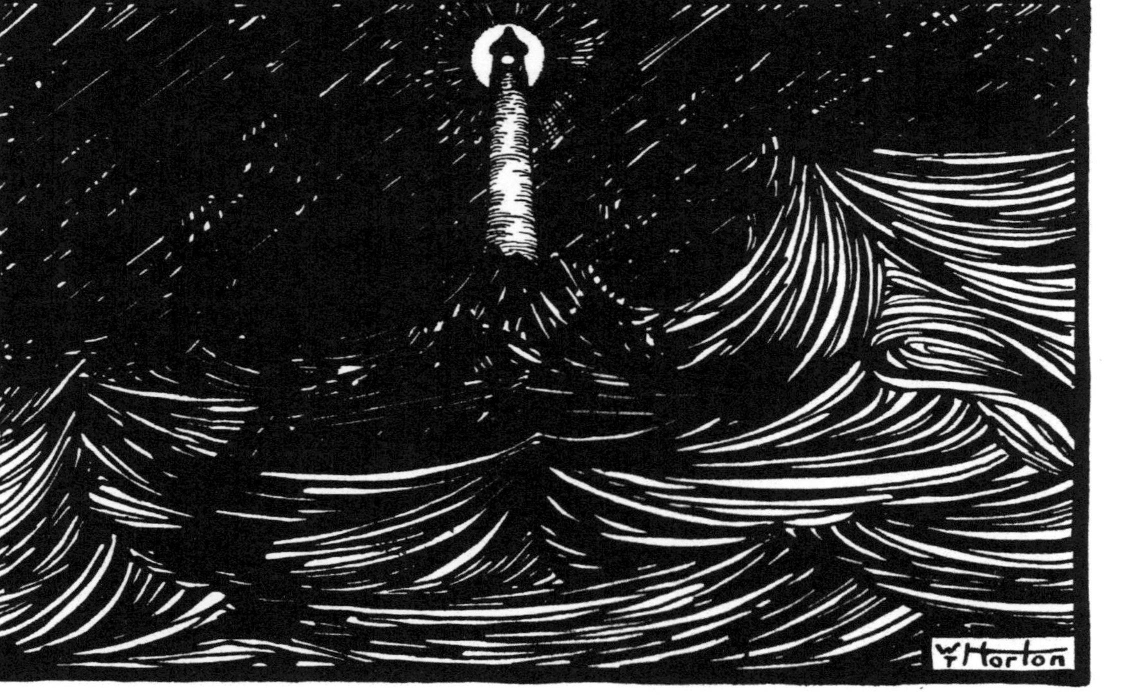

APRIL 18, 1915

SKAGERACK

NOTES

SKAGERACK

1903

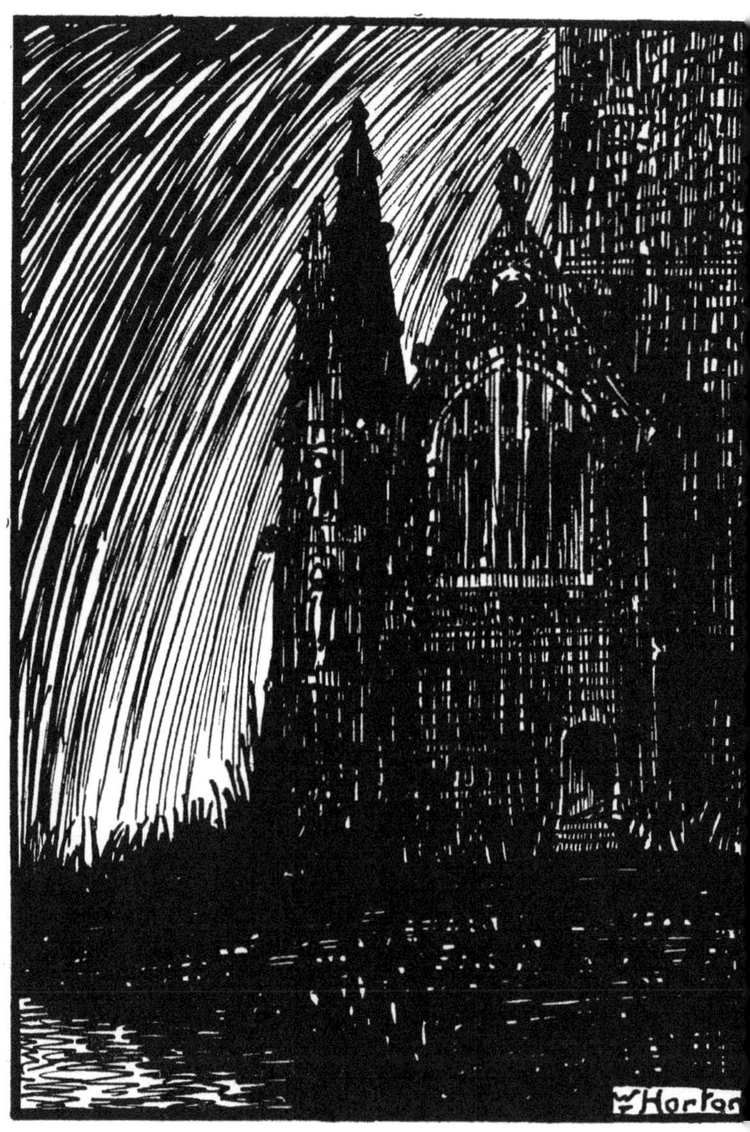

SEP. 18, 1903   THE SIDE CHAPEL

NOTES

THE SIDE CHAPEL

1903

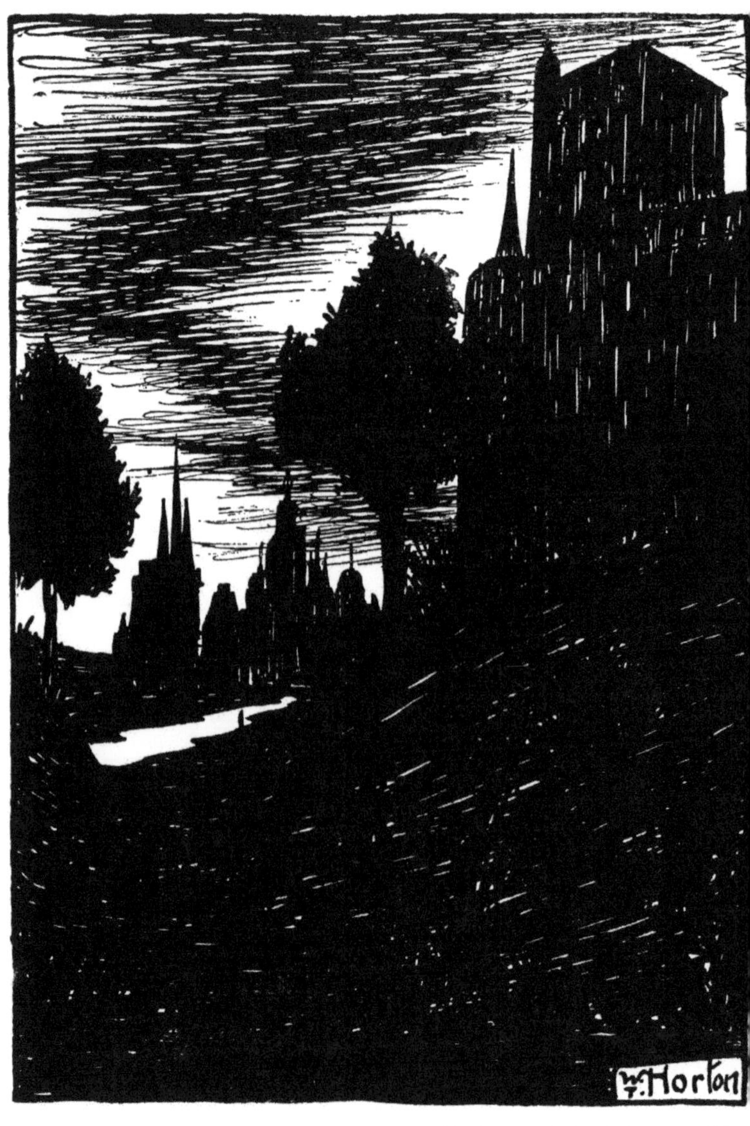

JULY 2, 1904

ON THE BANKS OF THE OBER

NOTES

—◆—

ON THE BANKS OF THE OBER

1904

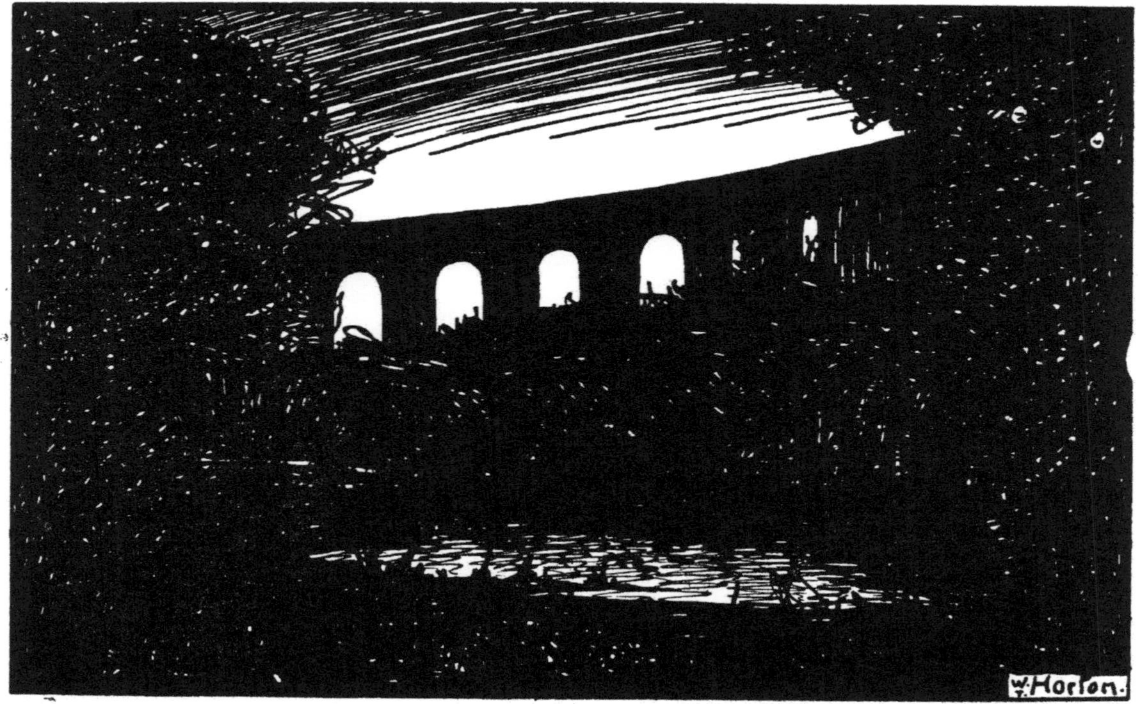

JULY 12, 1905

THE VIADUCT

NOTES

———◆———

The Viaduct

1905

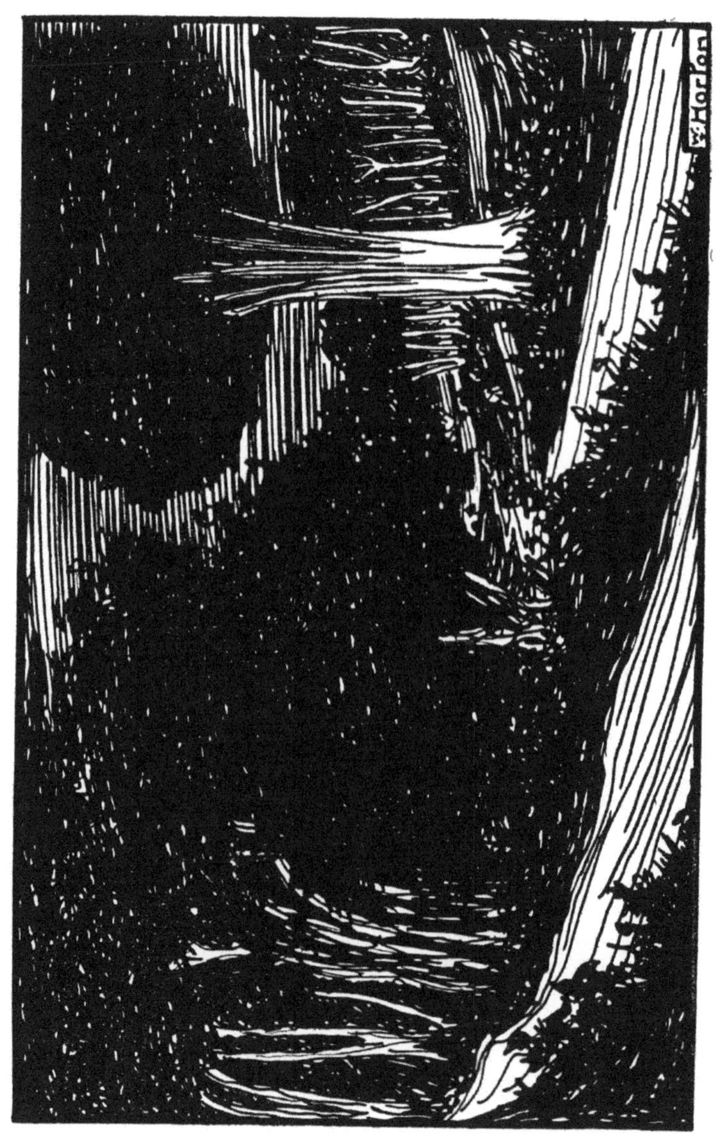

NOTES

MANY ROADS

1905

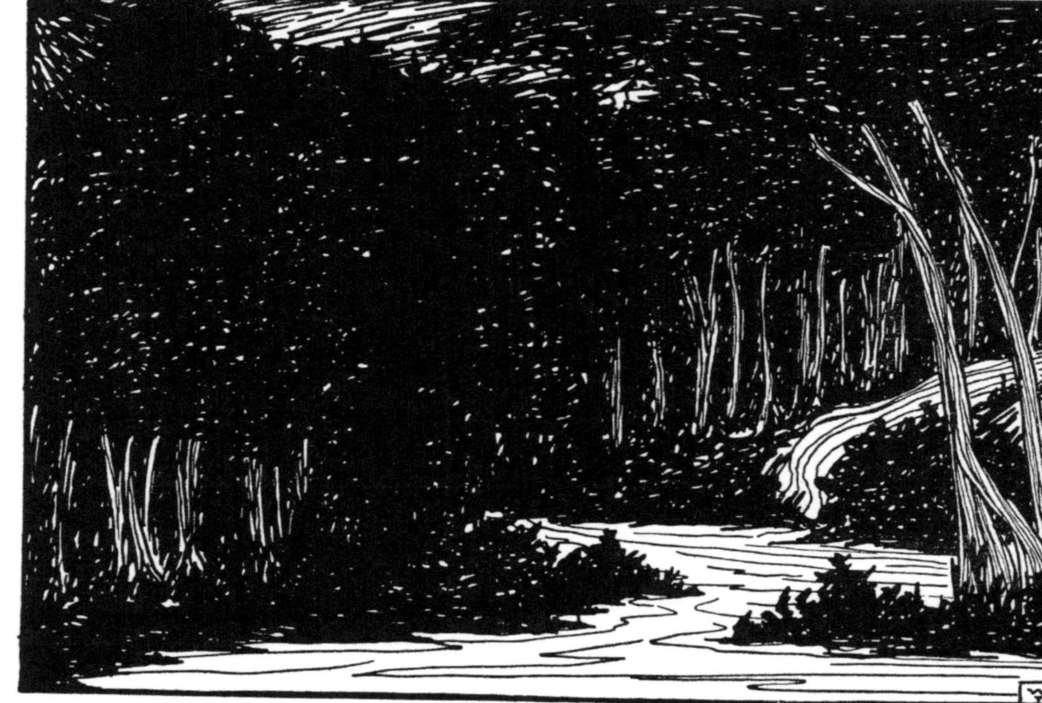

JULY 14, 1905   THE WAY IN THE WOOD

NOTES

—◆—

The Way in the Wood

1905

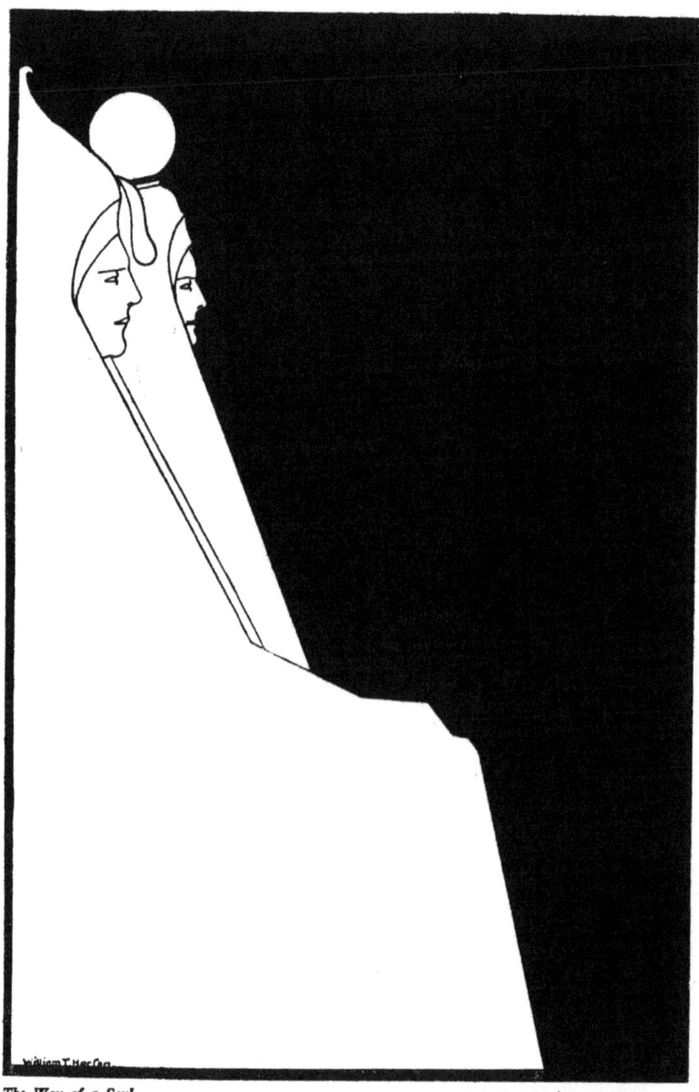

The Way of a Soul

ISIS—OSIRIS, LO ! ON THY THRONE
TWO-IN-ONE, APART, ALONE,
BREATHE ON US OF THY MIGHT ;
RULER OF LOVE AND LIGHT
ISIS—OSIRIS ON THY GOLDEN THRONE
TWO-IN-ONE, APART, ALONE

NOTES

———◆———

THE WAY OF A SOUL

1905

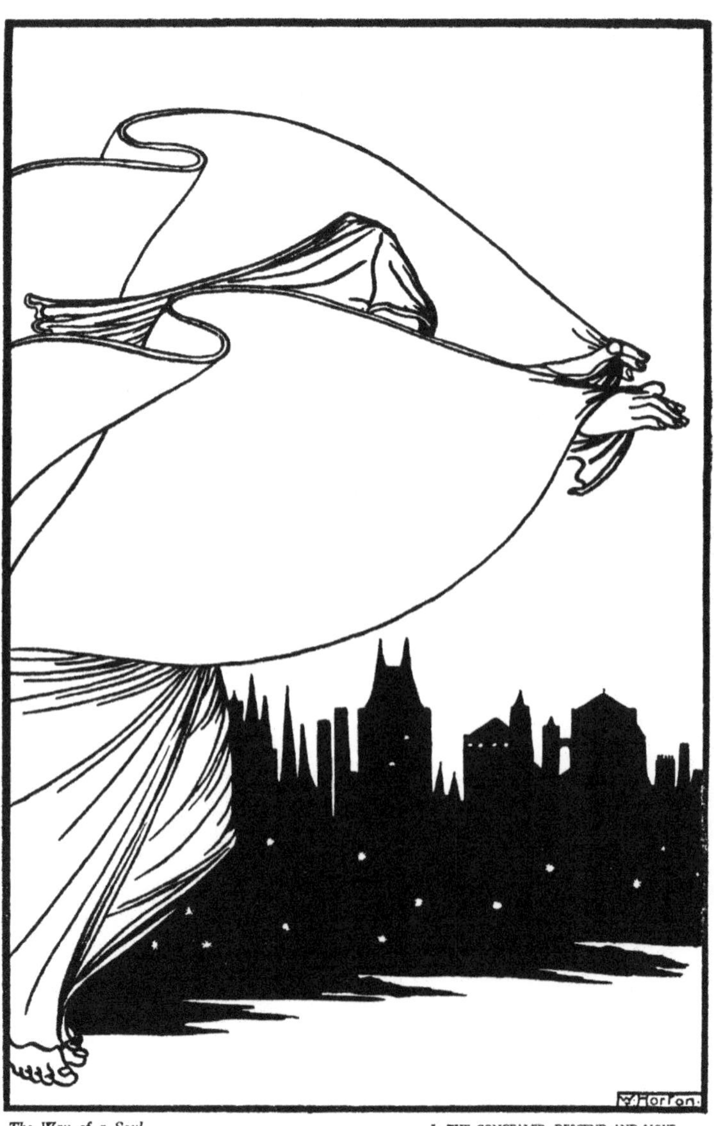

The Way of a Soul
AUG. 26, 1905

I, THE CONCEALED, DESCEND AND MOVE
THE HEARTS OF MEN IN WAYS UNKNOWN,
THEIR STRENGTH OF SOUL I STERNLY PROVE,
UNTIL FULL STATURED THEY HAVE GROWN.

NOTES

———◆———

THE WAY OF A SOUL

1905

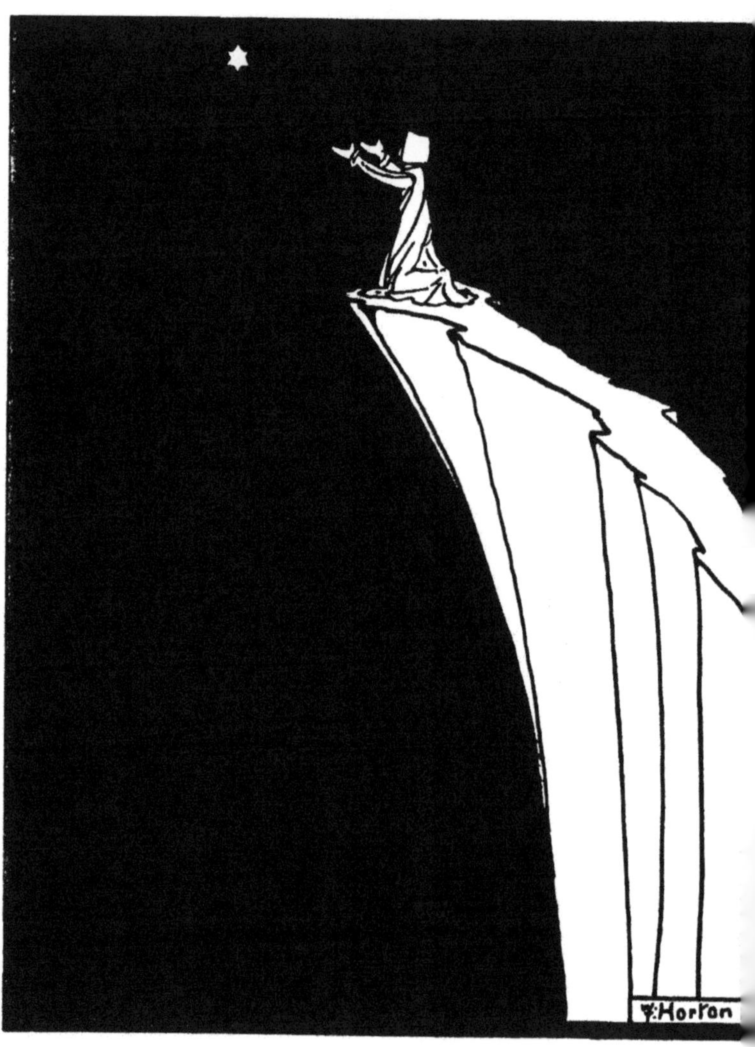

The Way of a Soul
DEC. 4, 1905

UPON THE UTMOST POINT OF EARTH
THE SOUL IN LONELINESS DOTH CRY
AND, FROM THE POWER THAT GAVE IT BI[RTH]
DEMANDS THE WHEREFORE AND THE WHY

NOTES

———◆———

The Way of a Soul

1905

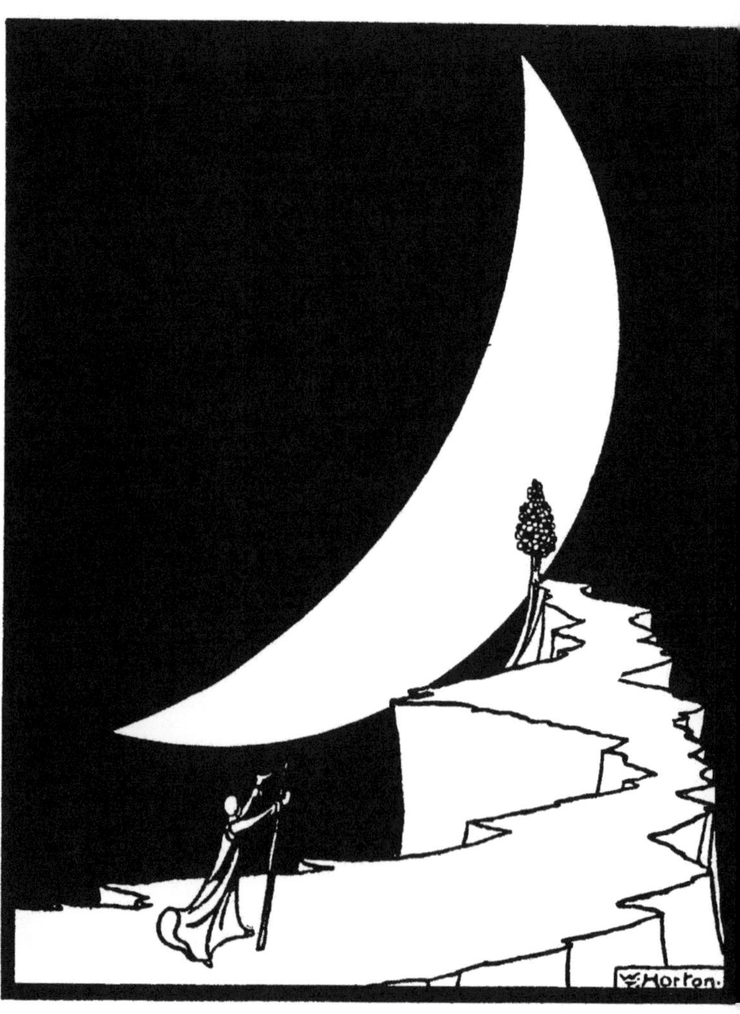

The Way of a Soul
AUG. 20, 1906

I KNOW THAT OVER THERE,
BEHIND THE CRESCENT MOON,
THERE WAITS FOR ME, SOMEWHERE
ONE I SHALL MEET FULL SOON.

NOTES

<hr>

The Way of a Soul

1906

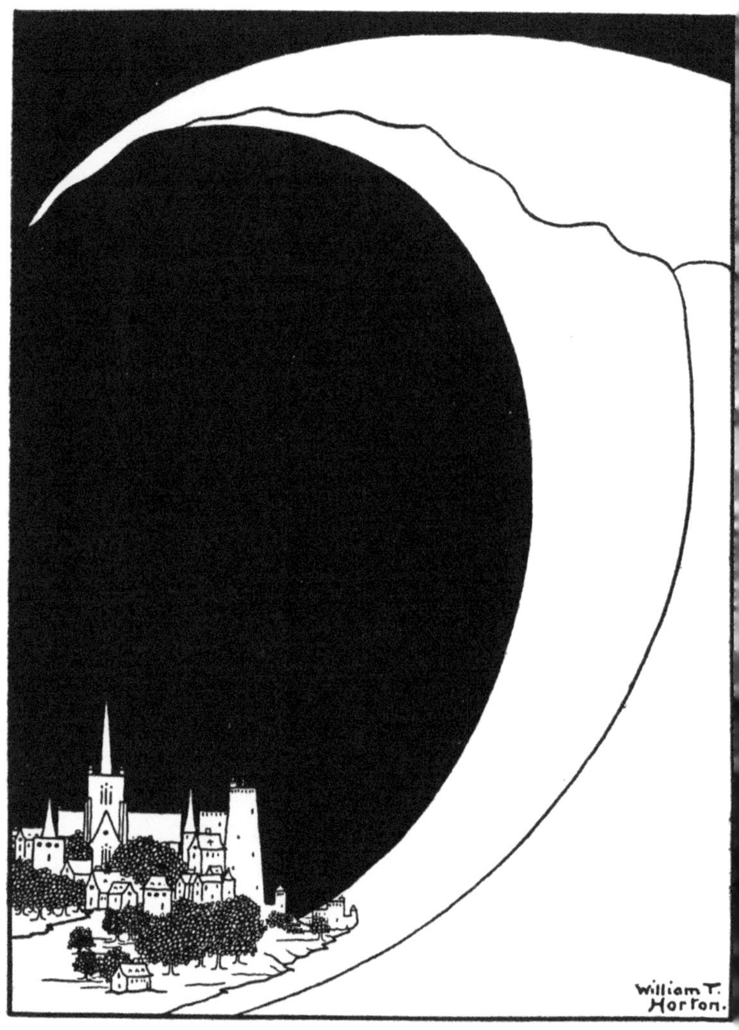

William T.
Horton.

NOTES

***

THE WAVE

1898

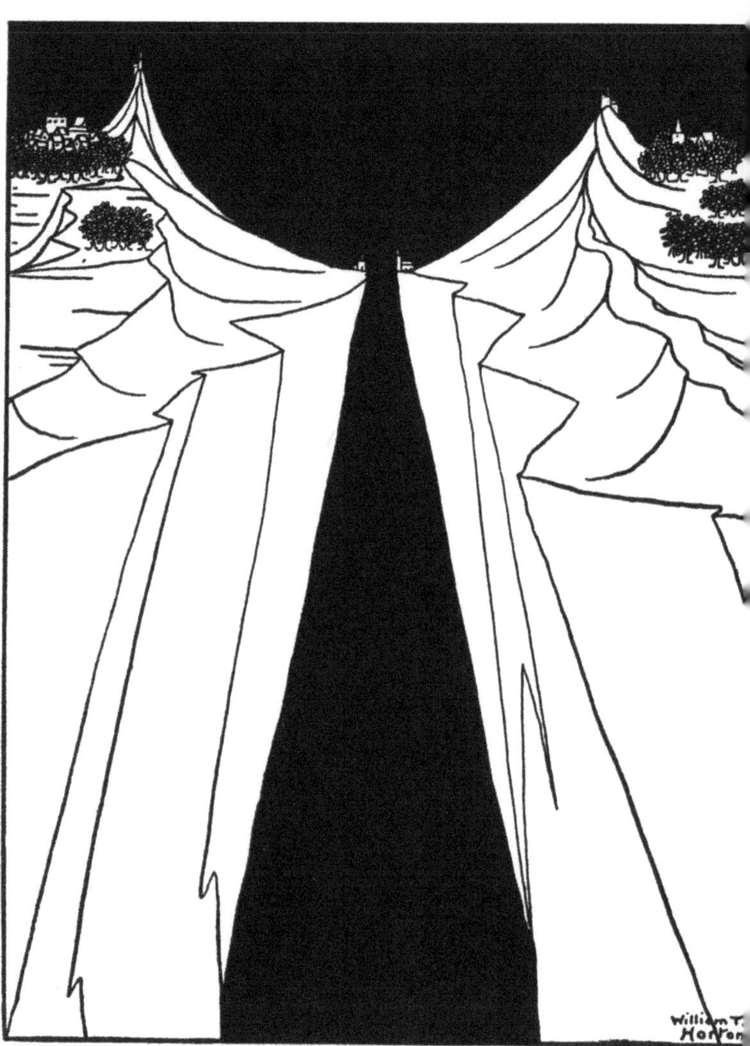

William T.
Horton

NOTES

THE GAP

1898

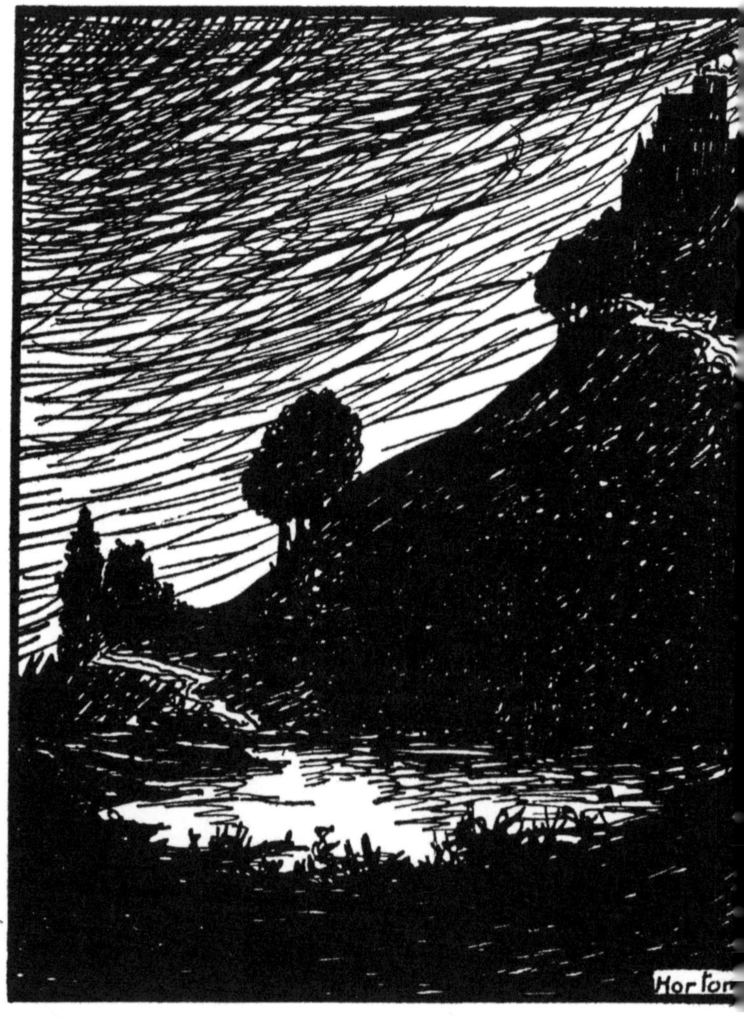

MARCH 2, 1908   L'ETANG DE CORTEMBER'

NOTES

⸺✦⸺

L'Etang de Cortembert

1908

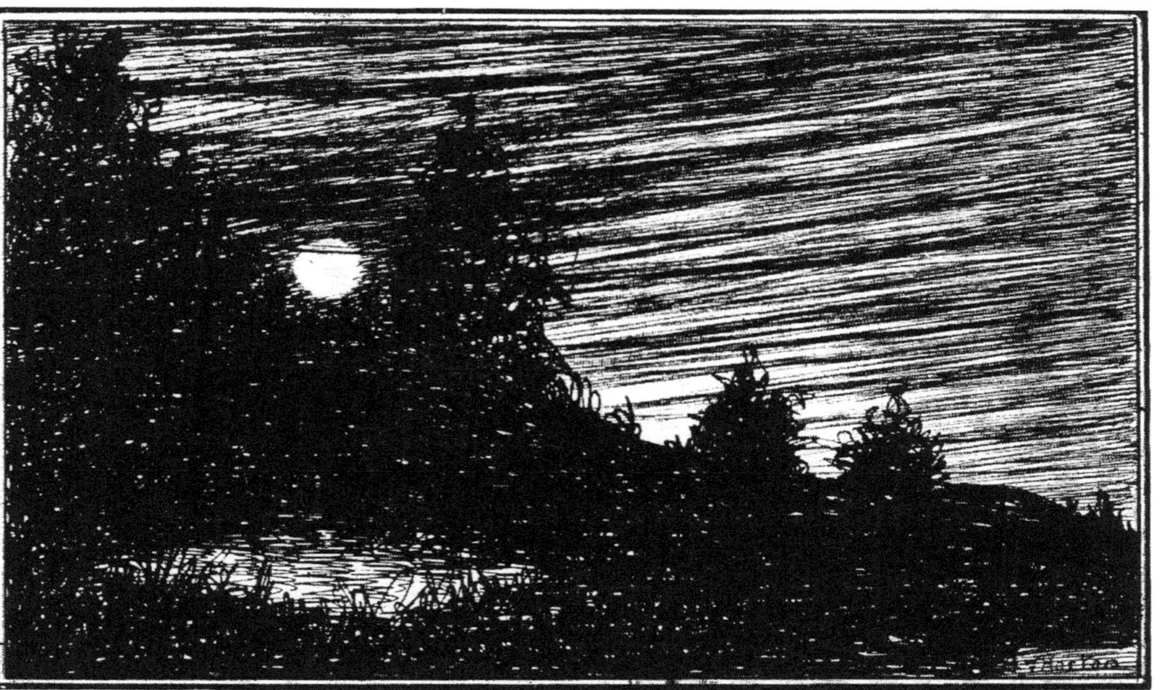

DEC 16 1904

THE FAERY POOL

NOTES

———◆———

The Faery Pool

1904

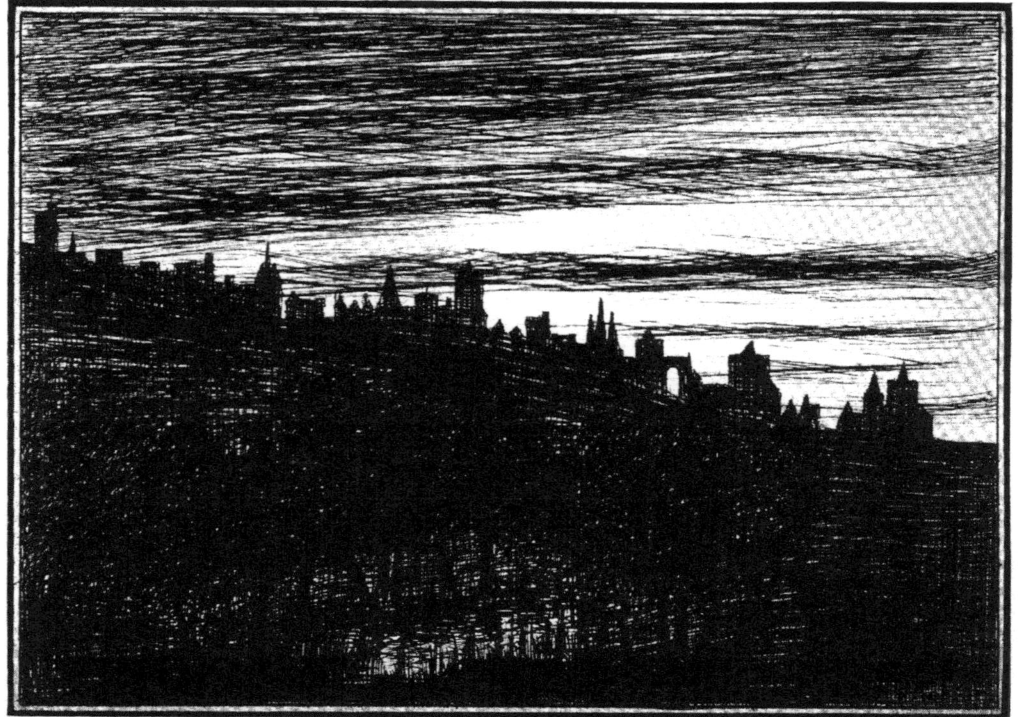

THE POOL IN THE VALLEY

NOTES

THE POOL IN THE VALLEY

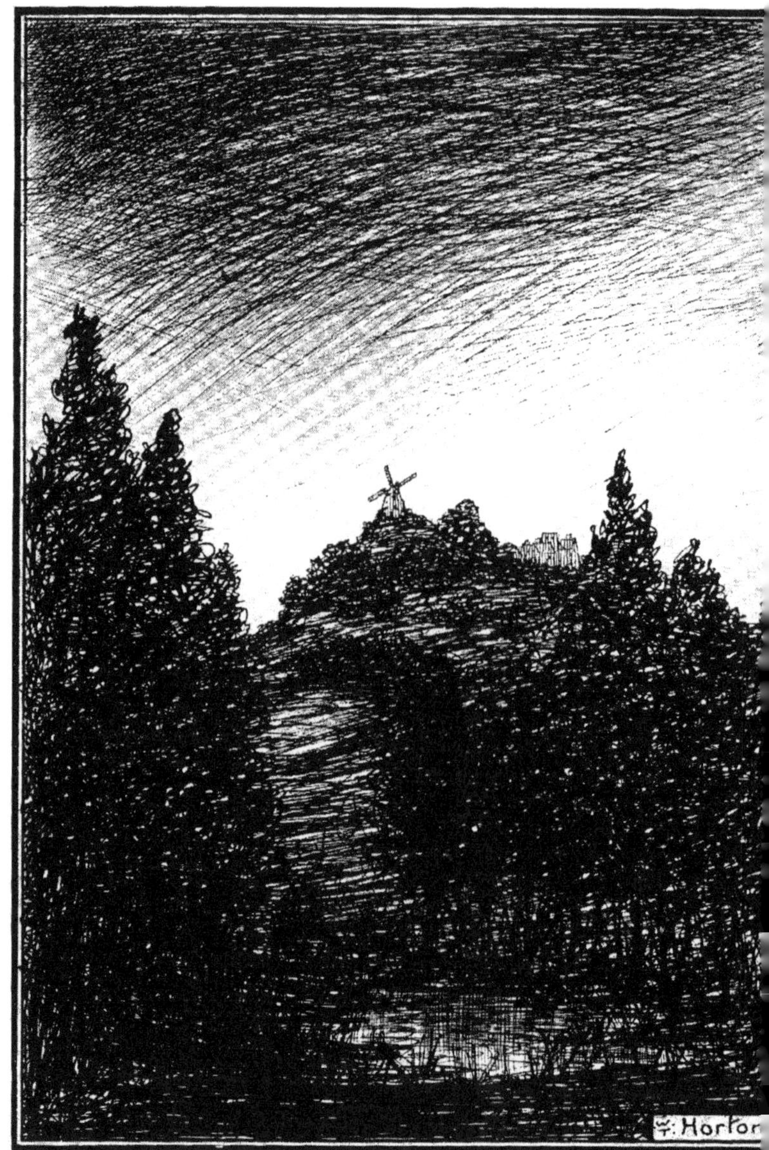

THE WINDMI

NOTES

———◆———

THE WINDMILL

1905

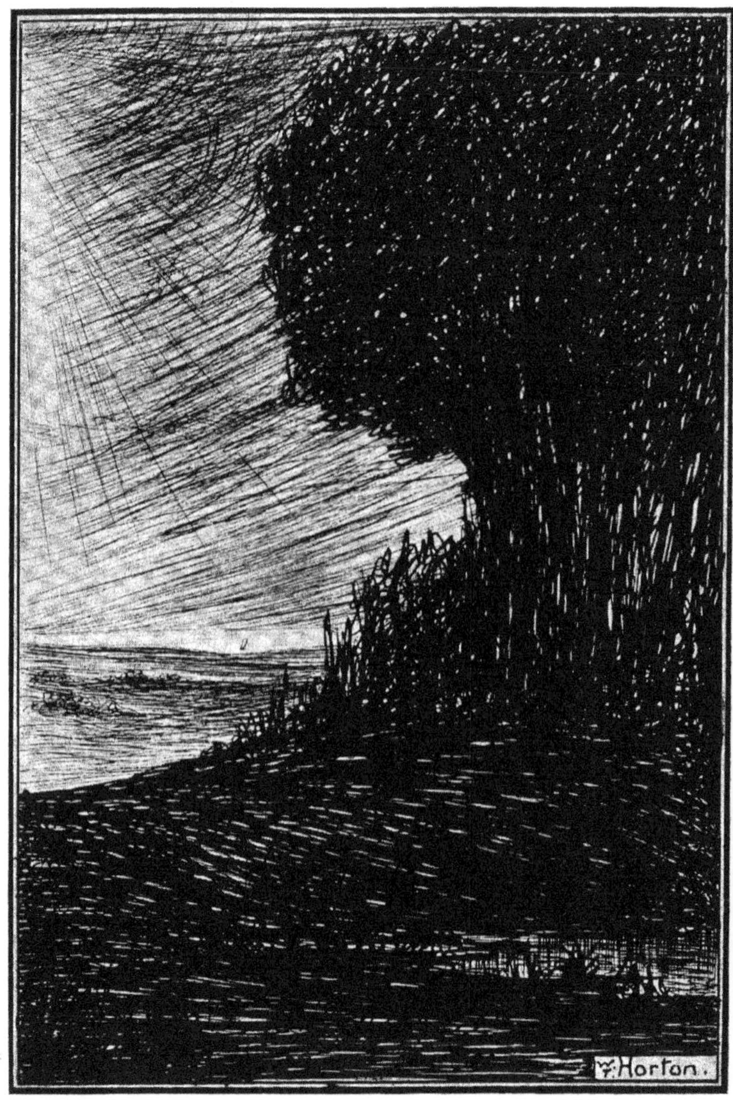

SEP. 23, 1905   THE GLEAM OF SUNSHINE

NOTES

—————◆—————

The Gleam of Sunshine

1905

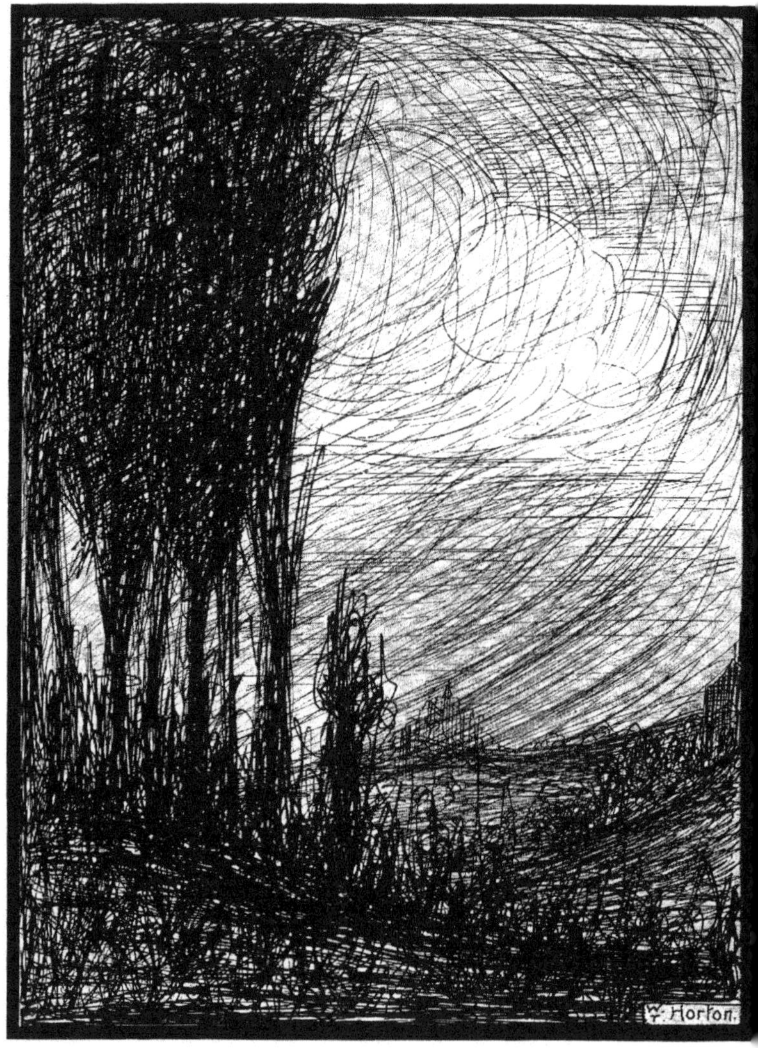

DEC. 18, 1905

THE ROLLING MIST

NOTES

———◆———

The Rolling Mist

1905

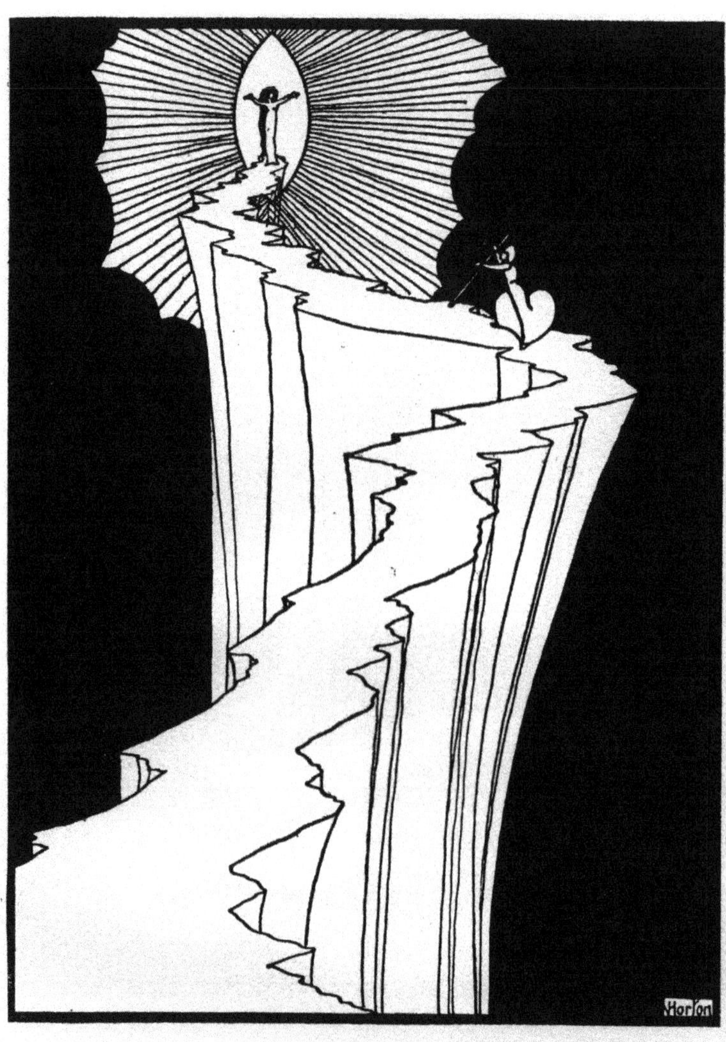

The Way of a Soul
MAY 31, 1910

I KNEW FULL WELL WHEN TO THE EARTH
I CAME, AND PASSED THE GATES OF BIRTH,
THAT I SHOULD FIND, 'MID RIGHT AND WRONG
THE NARROW WAY BOTH STEEP AND LONG
WHICH LED TO WHERE MY GUIDING STAR
SHONE RADIANT ON ME FROM AFAR
GREAT RAYS OF LIGHT WHICH, DRAWING NEAR,
GREW STRONGER, BRIGHTER AND MORE CLEAR.

NOTES

THE WAY OF A SOUL

1910

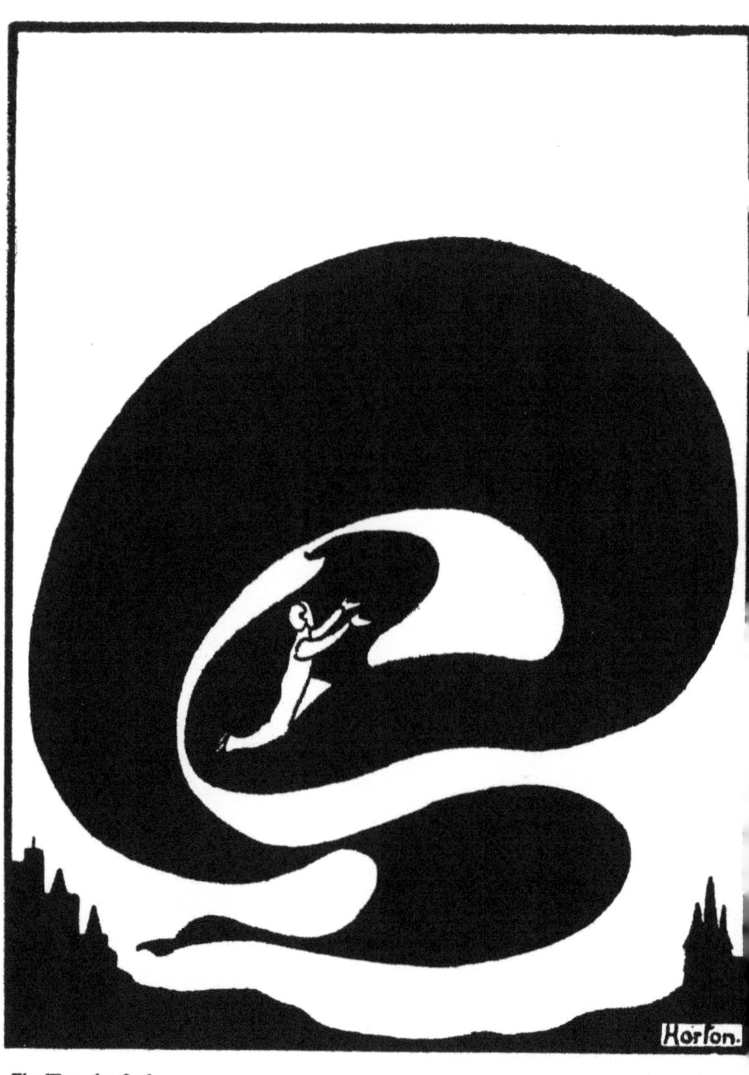

The Way of a Soul
JUNE 3, 1910

THE VERY WOE, THAT WOULD ENSHROUD
MY BEING WITH ITS SABLE CLOUD,
RAISES ME UP, AS ON A CLOUD,
AND BEARS ME HIGH ABOVE EARTH'S TOI

NOTES

———◆———

THE WAY OF A SOUL

1910

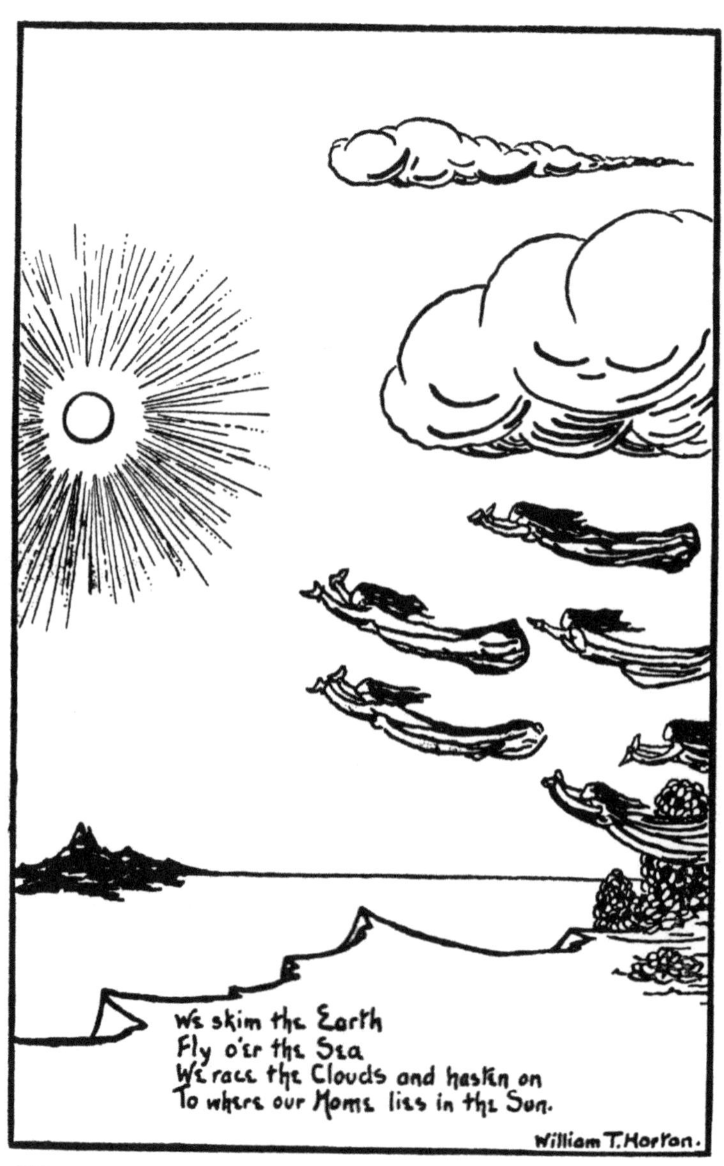

WE SKIM THE EARTH

NOTES

<hr>

We Skim the Earth

1910

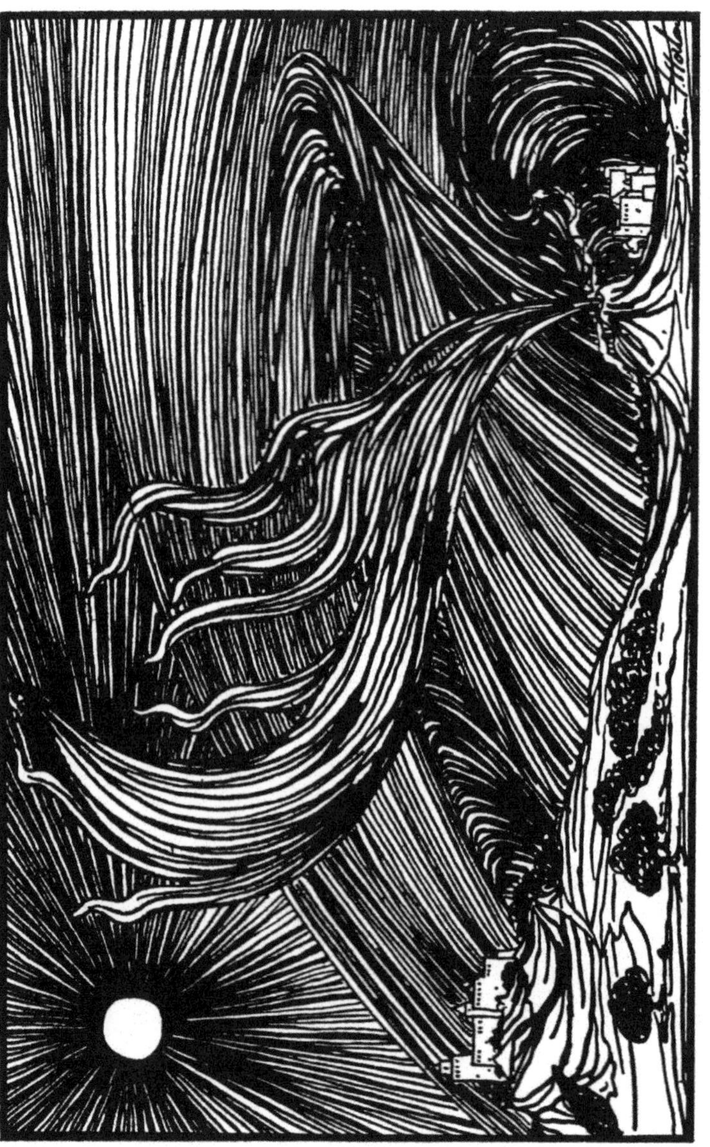

NOTES

———◆———

ELEMENTAL

1907

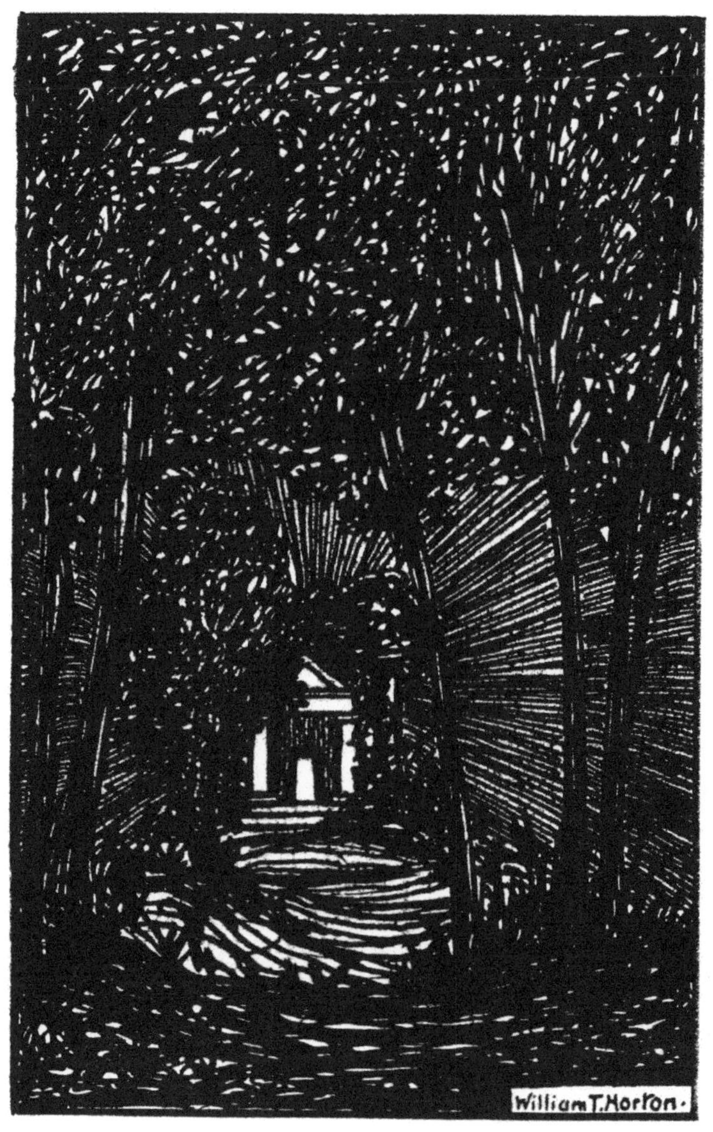

OCT. 17, 1907

THE TEMPLE OF ZEUS

NOTES

———◆———

THE TEMPLE OF ZEUS

1907

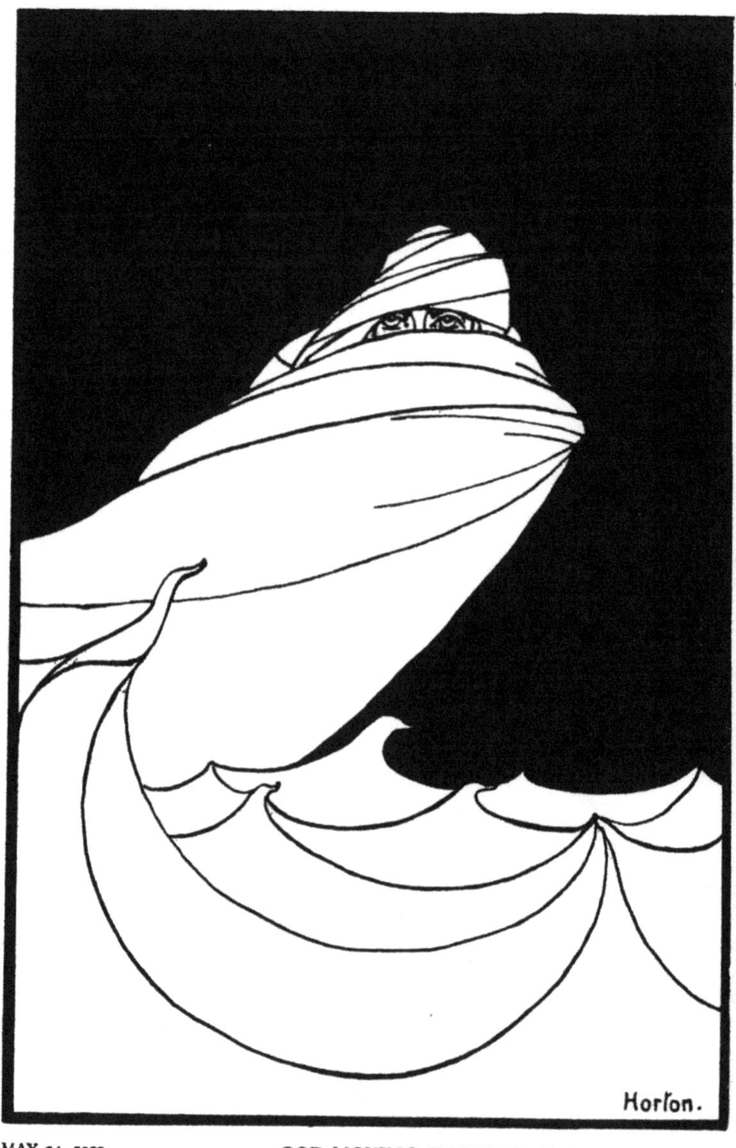

GOD MOVING ON THE FACE OF THE WATERS

NOTES

———•◆•———

God Moving on the Face of the Waters

1912

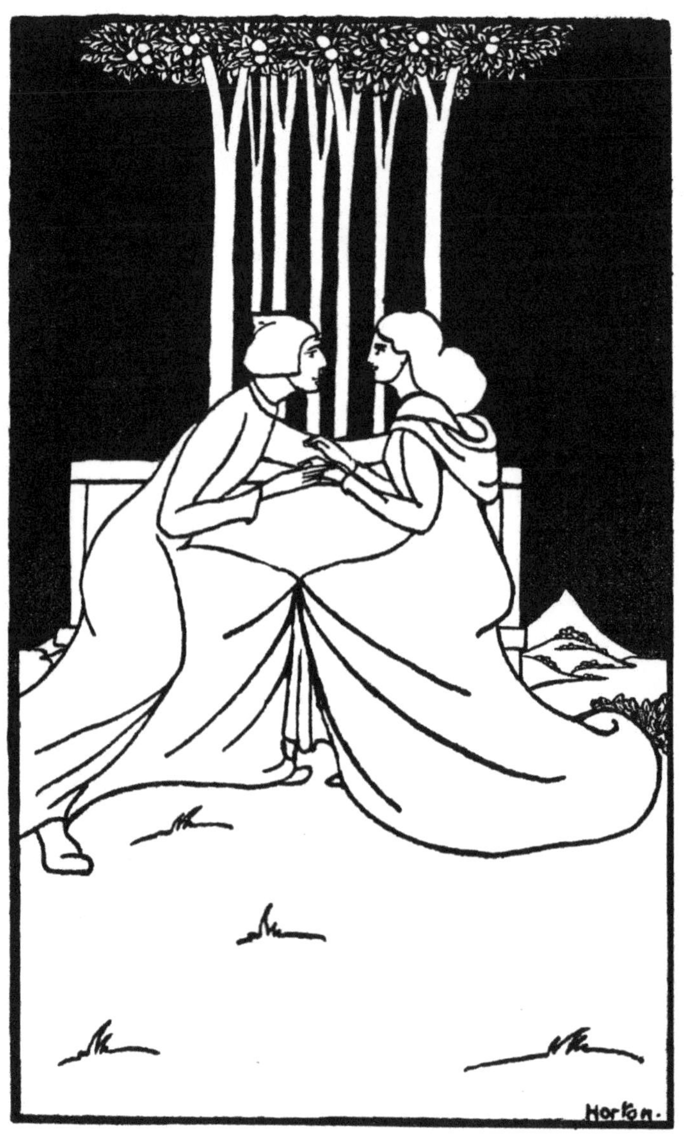

JULY 23, 1913   A REMINISCENCE

NOTES

A Reminiscence

1913

William Thomas Horton
1864—1919

LA PEINTURE NOUVELLE

GUILLAUME APOLLINAIRE

On a vivement reproché aux artistes-peintres nouveaux des préoccupations géométriques. Cependant les figures géométriques sont l'essentiel du dessin. La géométrie, science qui a pour objet l'étendue, sa mesure et ses rapports, a été de tout temps la règle même de la peinture.

Jusqu'à présent, les trois dimensions de la géométrie euclidienne suffisaient aux inquiétudes que le sentiment de l'infini met dans l'âme des grands artistes.

Les nouveaux peintres, pas plus que leurs anciens, ne se sont proposé d'être des géomètres. Mais on peut dire que la géométrie est aux arts plastiques ce que la grammaire est à l'art de l'écrivain. Or, aujourd'hui, les savants ne s'en tiennent plus aux trois dimensions de la géométrie euclidienne.

Les peintres ont été amenés tout naturellement et, pour ainsi dire, par intuition, à se préoccuper de nouvelles mesures possibles de l'étendue que dans le langage des ateliers modernes on désignait toutes ensemble et brièvement par le terme de *quatrième dimension.*

✳ ✳ ✳

Telle qu'elle s'offre à l'esprit, du point de vue plastique, la quatrième dimension serait engendrée par les trois mesures connues : elle figure l'immensité de l'espace s'éternisant dans toutes les directions à un moment déterminé. Elle est l'espace même, la dimension de l'infini ; c'est elle qui doue de plasticité les objets. Elle leur donne les proportions qu'ils méritent dans l'œuvre, tandis que dans l'art grec par exemple, un rythme en quelque sorte mécanique détruit sans cesse les proportions. L'art grec avait de la beauté une conception purement humaine.

Il prenait l'homme comme mesure de la perfection.

L'art des peintres nouveaux prend l'univers infini comme idéal et c'est à cet idéal que l'on doit une nouvelle mesure de la perfection qui permet à l'artiste-peintre de donner à l'objet des proportions conformes au degré de plasticité où il souhaite l'amener.

Nietzsche avait deviné la possibilité d'un tel art :

« Ô DIONYSOS DIVIN, POURQUOI ME TIRES-TU LES OREILLES ? DEMANDE ARIANE À SON PHILOSOPHIQUE AMANT DANS UN DE CES CÉLÈBRES DIALOGUES SUR L'ÎLE DE NAXOS. — JE TROUVE QUELQUE CHOSE D'AGRÉABLE, DE PLAISANT À TES OREILLES, ARIANE : POURQUOI NE SONT-ELLES PAS PLUS LONGUES ENCORE ? »

Nietzsche, quand il rapporte cette anecdote, fait par la bouche de Dionysos le procès de l'art grec.

Ajoutons que cette imagination : la quatrième dimension, n'a été que la manifestation des aspirations, des inquiétudes d'un grand nombre de jeunes artistes regardant les sculptures égyptiennes, nègres et océaniennes, méditant les ouvrages de science, attendant un art sublime, et qu'on n'attache plus aujourd'hui à cette expression utopique, qu'il fallait noter et expliquer, qu'un intérêt en quelque sorte historique.

✳✳✳

Voulant atteindre aux proportions de l'idéal, ne se bornant pas à l'humanité, les jeunes peintres nous offrent des œuvres plus cérébrales que sensuelles. Ils s'éloignent de plus en plus de l'ancien art des illusions d'optique et des proportions locales pour exprimer la grandeur des formes métaphysiques.

C'est pourquoi l'art actuel, s'il n'est pas l'émanation directe de croyances religieuses déterminées, présente cependant plusieurs caractères du grand art, c'est-à-dire de l'Art religieux.

$$***$$

Les grands poètes et les grands artistes ont pour fonction sociale de renouveler sans cesse l'apparence que revêt la nature aux yeux des hommes.

Sans les poètes, sans les artistes les hommes s'ennuieraient vite de la monotonie naturelle. L'idée sublime qu'ils ont de l'univers retomberait avec une vitesse vertigineuse. L'ordre qui paraît dans la nature et qui n'est qu'un effet de l'art s'évanouirait aussitôt. Tout se déferait dans le chaos. Plus de saisons, plus de civilisation, plus de pensée, plus d'humanité, plus de vie même et l'impuissante obscurité régnerait à jamais.

Les poètes et les artistes déterminent de concert la figure de leur époque et docilement l'avenir se range à leur avis.

La structure générale d'une momie égyptienne est conforme aux figures tracées par les artistes égyptiens et cependant les anciens Égyptiens étaient fort différents les uns des autres. Ils se sont conformés à l'art de leur époque.

C'est le propre de l'Art, son rôle social, de créer cette illusion : le type. Dieu sait que l'on s'est moqué des tableaux de Manet, de Renoir ! Eh bien ! Il suffit de jeter les yeux sur des photographies de l'époque pour s'apercevoir de la conformité des gens et des choses aux tableaux que ces grands peintres en ont peints.

Cette illusion me paraît toute naturelle, les œuvres d'art étant ce qu'une époque produit de plus énergique au point de vue de la plastique.

Cette énergie s'impose aux hommes et elle est pour eux la mesure plastique d'une époque.

Ainsi, ceux qui se moquent des nouveaux peintres se moquent de leur propre figure, car l'humanité de l'avenir se représentera l'humanité d'aujourd'hui d'après les représentations que les artistes de l'art le plus vivant, c'est-à-dire le plus nouveau, en auront laissées. Ne me dites pas qu'il y a aujourd'hui d'autres peintres qui peignent de telle façon que l'humanité puisse s'y reconnaître peinte à son image. Toutes les œuvres d'art d'une époque finissent par ressembler aux œuvres de l'art le plus énergique, le plus expressif, le plus typique. Les poupées sont issues d'un art populaire ; elles semblent toujours inspirées par les œuvres du grand art de la même époque.

C'est une vérité qu'il est facile de contrôler.

Et cependant qui oserait dire que les poupées que l'on vendait dans les bazars, vers 1880, ont été fabriquées avec un sentiment analogue à celui de Renoir quand il peignait ses portraits ? Personne alors ne s'en apercevait.

Cela signifie cependant que l'art de Renoir était assez énergique, assez vivant pour s'imposer à nos sens tandis qu'au grand public de l'époque où il débutait, ses conceptions apparaissaient comme autant d'absurdités et de folies.

———◆———

Guillaume Apollinaire
(*Méditations esthétiques*) *Les Peintres cubistes*, Paris, Figuière, 1913.

IMAGES

William Thomas Horton

@2024 CH3 PRESS s.a.s. Lyon, FRANCE

www.ch3press.com

isbn: 978-2-487404-12-0

Dépôt legal: septembre 2024

C	H	3	
P	R	E	S	S